新时代政治建设理论与实践

XINSHIDAI ZHENGZHI JIANSHE
LILUN YU SHIJIAN

石德金　张虎平◎编著

中山大学出版社

·广州·

图书在版编目（CIP）数据

新时代政治建设理论与实践/石德金，张虎平编著. —广州：中山大学出版社，2023.11

ISBN 978 - 7 - 306 - 07944 - 2

Ⅰ.①新…　Ⅱ.①石…②张…　Ⅲ.①政治建设—研究—中国　Ⅳ.①D6

中国国家版本馆 CIP 数据核字（2023）第 218490 号

出 版 人：王天琪

策划编辑：陈　霞

责任编辑：陈　霞

封面设计：曾　斌

责任校对：徐　晨

责任技编：靳晓虹

出版发行：中山大学出版社

电　　话：编辑部 020 - 84110283，84113349，84111997，84110779，84110776

　　　　　发行部 020 - 84111998，84111981，84111160

地　　址：广州市新港西路 135 号

邮　　编：510275　传　　真：020 - 84036565

网　　址：http://www.zsup.com.cn　E-mail:zdcbs@ mail.sysu.edu.cn

印 刷 者：广州市友盛彩印有限公司

规　　格：787mm×1092mm　1/16　11.75 印张　205 千字

版次印次：2023 年 11 月第 1 版　2023 年 11 月第 1 次印刷

定　　价：48.00 元

前　言

　　党的十八大以来，以习近平同志为核心的党中央治国理政的一个突出特点，就是旗帜鲜明地讲政治。党的十九大以来，习近平总书记在多个场合指出，看一名党员干部的素质和能力，首先要看政治上是否站得稳、靠得住，是否自觉维护党中央权威和集中统一领导。在领导干部的所有能力当中，政治能力是第一位的。在实现"两个一百年"奋斗目标和中华民族伟大复兴的关键时刻，党的二十大庄严宣告，中国共产党的中心任务就是团结带领全国各族人民全面建成社会主义现代化强国、实现第二个百年奋斗目标，以中国式现代化全面推进中华民族伟大复兴。

　　全面建设社会主义现代化国家，是一项伟大而艰巨的事业，前途光明，任重道远。我们必须坚定不移地走中国特色社会主义政治发展道路，坚持党的领导、人民当家作主、依法治国有机统一，这是新时代政治最根本的要求，是党的历史使命所在。要履行好新时代政治使命，必须坚持和加强党的全面领导尤其是政治领导。党的领导要坚强有力，必须贯彻政治建设要求，推动全面从严治党向纵深发展。这就是党在新时代执政的根本逻辑。

　　为了反映新时代中国特色社会主义政治建设理论与实践的发展，本教材尝试将新时代的政治理论与实践结合起来，力求出版一本具有较强针对性的辅助性教材。本书除绪论外，包含了七章内容，绪论论述了中国特色社会主义政治制度的特征与优势；第一章从整体上论述了我国政治制度的三原则——党的领导、人民当家作主和依法治国；第二章论述了构成我国基本政治制度的制度框架体系；第三章论述了具有中国特色的协商民主制度；第四章讲述了我国的民族宗教政策与制度；第五章讲述了具有中国特色的基层群众自治制度；第六章论述了爱国统一战线；最后一章讲述了党和国家的机构改革，从发展逻辑看待中国民主政治制度的完善与发展。

本教材适合作为本科生思想政治公共必修课的习近平新时代中国特色社会主义思想课学习辅导用书，同时也有助于马克思主义基本原理专业的本科生理解当代 21 世纪马克思主义在政治建设方面的发展。我们希望通过这样的一本教材，提升当代本科生对新时代中国特色社会主义政治建设理论与实践的发展认知水平。

目　　录

绪　　论

评价一个国家政治制度是不是民主的、有效的，主要看国家领导层能否依法有序更替；全体人民能否依法管理国家事务和社会事务、管理经济和文化事业；人民群众能否畅通表达利益要求；社会各方面能否有效参与国家政治生活；国家决策能否实现科学化、民主化；各方面人才能否通过公平竞争进入国家领导和管理体系；执政党能否依照宪法法律规定实现对国家事务的领导；权力运用能否得到有效制约和监督。

——《习近平谈治国理政》（第二卷），第 287 页

发展社会主义民主政治是习近平新时代中国特色社会主义思想的重要内容。在新时代，一项重大历史任务就是健全人民当家作主制度体系，发展社会主义民主政治。为此，需要把握我国社会主义民主政治的优势和特点，坚持走中国特色社会主义政治发展道路，长期坚持、不断发展我国社会主义民主政治，积极稳妥推进政治体制改革，推进社会主义民主政治制度化、规范化、程序化，保证人民依法通过各种途径和形式管理国家事务、管理经济文化事业、管理社会事务，巩固和发展生动活泼、安定团结的政治局面。

第一节　中国特色社会主义民主政治的独特优势

我国是工人阶级领导的、以工农联盟为基础的人民民主专政的社会主义国家，国家的一切权力属于人民，这是维护人民根本利益的最广泛、最真实、最管用的民主。我国发展的社会主义民主政治就是要体现人民意

志、保障人民权益、激发人民创造活力，用制度体系保证人民当家作主，因此，我国社会主义民主政治具有鲜明的中国特色、明显的制度优势和强大的生命力。习近平同志指出："中国特色社会主义制度，坚持把根本政治制度、基本政治制度同基本经济制度以及各方面体制机制等有机结合起来，坚持把国家层面民主制度同基层民主制度有机结合起来，坚持把党的领导、人民当家作主、依法治国有机结合起来，符合我国国情，集中体现了中国特色社会主义的特点和优势，是中国发展进步的根本制度保障。"①

一、我国社会主义国家的国体决定了我国社会主义民主政治的性质

我国宪法规定我国的国体是工人阶级领导的、以工农联盟为基础的人民民主专政的社会主义国家。这一国体确定了工人阶级的领导地位、工农联盟的基础地位、人民民主专政的国家权力性质。工人阶级和广大劳动群众始终是推动我国经济社会发展、维护社会安定团结的根本力量。因此，不论时代如何变迁、社会怎么改变，全心全意依靠工人阶级的方针都不能忘记、不能淡化，我国工人阶级的领导地位都不容动摇、不容忽视。我国的国体决定了工人、农民、知识分子等基本群众在国家权力机关中占有相当比例。习近平总书记指出："无论是党委换届还是人大、政府、政协换届，都要体现工人阶级领导的、以工农联盟为基础的人民民主专政的国体，要保证基本群众代表比例，党政干部、企业负责人不要挤占应该给基本群众的名额，不得搞偷天换日、移花接木的欺骗手段。在中国共产党领导的社会主义国家，一切权力属于人民，决不能依据地位、财富、关系分配政治权力！"②

国家的根本政治制度即政体，是指国家政权的组织形式。人民代表大会制度是我国的根本政治制度。人民行使国家权力的机关是全国人民代表大会和地方各级人民代表大会。人民依照法律规定，通过各种途径和形式，管理国家事务、管理经济和文化事业、管理社会事务。

---

① 《习近平谈治国理政》（第一卷），外文出版社 2018 年版，第 9 – 10 页。
② 中共中央文献研究室编：《习近平关于社会主义政治建设论述摘编》，中央文献出版社 2017 年版，第 49 页。

我国宪法规定国家一切权力属于人民，体现了人民主权原则，决定了人民民主是社会主义的生命。人民当家作主是社会主义民主政治的本质和核心。没有民主就没有社会主义，就没有社会主义的现代化，就没有中华民族的伟大复兴。因此，要坚持人民主体地位，支持和保证人民通过人民代表大会行使国家权力。党和国家各项工作都要贯彻党的群众路线，密切同人民群众的联系，倾听人民呼声，回应人民期待，不断解决好人民最关心最直接最现实的利益问题，凝聚起最广大人民的智慧和力量。

二、我国社会主义民主是维护人民根本利益的最广泛、最真实、最管用的民主

党的二十大明确指出："人民民主是社会主义的生命，是全面建设社会主义现代化国家的应有之义。全过程人民民主是社会主义民主政治的本质属性，是最广泛、最真实、最管用的民主。"① 这是我国社会主义民主的独特优势。

社会主义民主政治始终代表最广大人民的根本利益，这也是实行和发展人民民主的前提和基础。中国共产党除了工人阶级和最广大人民的利益，没有自己特殊的利益。因此，党和国家的一切理论、路线、方针和政策，一切工作部署和工作安排，都应该为人民利益而制定和实施。在这个大政治前提下，也应该能够通过多种民主形式反映人民意志、听取意见建议、协调利益关系。

"最广泛、最真实、最管用"是发展社会主义民主政治的根本要求。"最广泛"主要指民主主体和民主权力的广泛，是全体人民享有的包括政治、人身、经济、社会、文化等方面的广泛权利。"最真实"主要是指人民的权利有制度、法律和物质保障，人民能够管理国家，广大人民的利益随着经济社会的发展进步能够充分实现。"最管用"主要指民主的效能，我国的民主制度能够保证党领导人民有效治理国家，保证人民依法享有广泛权利和自由。

我国社会主义民主的优势和特点主要体现在：一是坚持发挥党总揽全局、协调各方的领导核心作用，切实防止出现群龙无首、一盘散沙现象；

----

① 《习近平著作选读》（第一卷），人民出版社2023年版，第30－31页。

二是坚持国家一切权利属于人民，保证人民依法实行民主选举、民主协商、民主决策、民主管理、民主监督，保证了过程民主与结果民主的统一、形式民主与实质民主的统一，切实防止出现选举时漫天许诺、选举后无人过问现象；三是坚持我国新型政党制度，切实防止出现党派争执、相互倾轧现象；四是坚持民族区域自治制度，切实防止出现民族隔阂、民族冲突现象；五是坚持基层群众自治制度，保障人民依法直接行使民主权利，切实防止出现人民形式上有权、实际上无权现象；六是坚持民主集中制，切实防止出现相互掣肘、内耗严重的现象。

三、发展社会主义民主体现了人民意志、保障了人民权益、激发了人民创造活力

习近平同志指出："人民当家作主是社会主义民主政治的本质和核心。人民民主是社会主义的生命。没有民主就没有社会主义，就没有社会主义的现代化，就没有中华民族伟大复兴。"① 中国共产党的初心和使命就是为中国人民谋幸福、为中华民族谋复兴。坚持党的领导，归根结底就是为了实现人民群众当家作主的权利和根本利益。

发展社会主义民主，有助于体现人民意志。一个政党，一个政权，其前途命运取决于人心向背。发展社会主义民主政治，最重要的是要坚持人民立场，体现人民意志。人民立场是中国共产党的根本政治立场，是马克思主义政党区别于其他政党的显著标志。要把人民放在心中最高位置，把人民拥护不拥护、赞成不赞成、高兴不高兴作为衡量一切工作得失的根本标准。人民通过选举、投票行使权利和人民内部各方面在重大决策之前进行充分协商，尽可能就共同性问题取得一致意见，是我国社会主义民主的两种重要形式。我国的选举制度要根据我国国情和自身的特点来确定，需要直接选举的直接选举，需要间接选举的间接选举，需要改革完善的改革完善。协商民主是在中国有根有源有生命力的民主形式，要坚持有事好商量，众人的事情由众人商量，找到全社会意愿和要求的最大公约数。

发展社会主义民主，有利于保障人民权益。坚持人民利益至上，依法

---

① 中共中央文献研究室编：《十八大以来重要文献选编》（中），中央文献出版社2016年版，第54－55页。

保障人民经济、政治、文化、社会等各方面权益，是发展社会主义民主政治的内在要求。保证人民权益，实质是促进社会公平正义，充分保障人民平等参与、平等发展的权利。保障人民平等参与，是要保证宪法规定的公民政治权利和自由，使全体人民能够依法管理国家事务和社会事务、管理经济和文化事业。保障人民平等发展权利，是要保证宪法规定的公民社会经济权利，让广大人民群众共享改革发展成果。抓住人民最关心最直接最现实的利益问题，保障和改善民生，不断满足人民日益增长的美好生活需要，使人民的获得感、幸福感、安全感更加充实、更有保障、更可持续。

发展社会主义民主，有利于激发人民创造力。人民群众是历史的创造者，发展社会主义民主政治，主动激发广大人民群众的积极性、主动性和创造性，有利于集中人民群众的智慧和力量。因此，要努力建设了解民情、反映民意、集中民智、珍惜民力的决策机制，以保证人民当家作主为根本，以增强党和国家活力、调动人民积极性为目标，充分发挥人民群众首创精神，充分调动各方面积极性，最大限度增强社会发展活力，建设社会主义政治文明。

第二节　中国特色社会主义民主政治的 历史必然性

每个国家的政治道路都有其独特的方面，都是在历史传承、文化传统、经济社会发展的基础上长期发展演化的结果。习近平同志指出："中国特色社会主义政治制度之所以行得通、有生命力、有效率，就是因为它是从中国的社会土壤中生长起来的。中国特色社会主义政治制度过去和现在一直生长在中国的社会土壤之中，未来要继续茁壮成长，也必须深深扎根于中国的社会土壤。"① 从实际出发，既要把握历史传统，还要把握现实要求，不能想象突然就搬来一座政治制度上的"飞来峰"。

---

① 中共中央文献研究室编：《十八大以来重要文献选编》（中），中央文献出版社 2016 年版，第 60 页。

一、改革开放前的历史选择与实践

进入近代以后，中国各种政治势力纷纷登场，但都没有找到适合国情的方案。中国共产党高扬民主的光辉旗帜，进行了一个世纪的英勇奋斗。中国共产党自成立之日起，就以实现人民当家作主为己任，始终把站稳人民立场、坚持人民主体地位、保障实现人民根本利益作为一切工作的出发点和落脚点。新中国成立后，党团结带领人民进行社会主义改造，确立了社会主义基本制度并推进社会主义建设，完成了中华民族有史以来最为广泛而深刻的社会变革，为当代中国一切的发展进步奠定了根本政治前提和制度基础。

【拓展阅读】

中国共产党的百年光辉历程

一、中国共产党的成立

中华民族曾创造了在世界上独领风骚的先进文明。但到了近代，从1840年开始，中国逐渐沦为半殖民地半封建社会；帝国主义和中华民族的矛盾，封建主义和人民大众的矛盾，成为近代中国的两大主要矛盾。在这两大矛盾的运动过程中，中国的一批批仁人志士试图以不同的方式解救和发展中国，但都一次次失败。中国社会在震荡中苏醒、思考，在震荡中探索、变迁。革命与改良，变革与保守，进步与倒退……种种道路与思潮积蓄着历史变革的巨大能量，促进了中国共产党的诞生。

1921年7月23日晚，中国共产党第一次全国代表大会在上海法租界望志路106号（今兴业路76号）开幕。从7月23日到30日，党的一大共召开了6次会议。7月30日晚上的第六次会议原定通过各项文件并进行选举，但在上海继续开会时出现了安全问题。经研究，代表们转移到浙江嘉兴南湖，在一艘租用的游船上召开了最后一天的会议，讨论通过了中国共产党第一个纲领和中国共产党第一个决议。

党的一大的召开，宣告了中国共产党的正式成立。习近平总书记指出："中国产生了共产党，这是开天辟地的大事变，深刻改变了近代以后中华民族发展的方向和进程，深刻改变了中国人民和中华民族的前途和命运，深刻改变了世界发展的趋势和格局。"

二、中国共产党领导体制的确立

1949 年 10 月 1 日，随着新中国的诞生，中国共产党从领导人民为夺取全国政权而奋斗的党，转变成为领导人民掌握全国政权并长期执政的党。同年 11 月，中共中央作出《关于在中央人民政府内建立中国共产党党组的决定》，规定在政务院成立党组。最高人民法院、最高人民检察署成立联合党组。

为了巩固中国共产党的执政地位，加强中共中央对地方的领导，到 1949 年年底，组建了华北、东北、西北、华东、中南、西南 6 个中共中央局，山东、新疆、内蒙古、华南 4 个中共中央分局，24 个省委和 17 个区党委，134 个市委（内有 6 个中共中央直属市委），218 个地（盟）委，2142 个县（旗）委，15494 个区委，约 20 万个支部。各级党委在本级行政区中是最高领导机关，统一领导地方的各项工作。

同时，实行党管干部的原则。除军队干部实行单独管理外，其余所有干部都统一由中央和各级党委的组织部门管理。政府人事部门是党管理干部的一种组织形式，受同级党委组织部门的指导。

三、社会主义基本制度的确立及建设成就

从 1949 年到 1956 年社会主义改造基本完成，中国共产党领导建立了一系列社会主义基本制度，为当代中国的发展进步奠定了根本政治前提和制度基础。

1949 年，各民主党派积极响应中国共产党提出的主张，共同展开新中国的筹建工作。中国人民政治协商会议第一届全体会议的召开，标志着中国共产党领导的多党合作和政治协商制度的正式确立。这项制度成为新中国的一项基本政治制度。会议通过的《中国人民政治协商会议共同纲领》规定："各少数民族聚居的地区，应实行民族的区域自治，按照民族聚居的人口多少和区域大小，分别建立各种民族自治机关。"这标志着民族区域自治制度正式确立，成为新中国的一项基本政治制度。

1953 年，党提出过渡时期的总路线。从 1953 年至 1956 年，对农业、

手工业和资本主义工商业进行了大规模的社会主义改造，并创造性地开辟了一条适合中国特点的社会主义改造道路。通过社会主义改造，建立了社会主义的基本经济制度，也正式建立起高度集中的计划经济体制。

随后，一系列重要的工程项目陆续建成。1952年建成的成渝铁路，是新中国第一条自主建设的铁路。1957年建成的武汉长江大桥，是中国在长江上修建的第一座铁路、公路两用桥。1959年，历时1年建设的北京十大建筑全部竣工并投入使用。在能源方面，我国先后建成了大庆油田、山东胜利油田、天津大港油田；贵州六盘水，四川宝鼎山、芙蓉山，山东兖州等大型煤矿；甘肃刘家峡，湖北丹江口、葛洲坝，贵州乌江等大中型水电站。在冶金、机械方面，有四川攀枝花钢铁厂、甘肃酒泉钢铁厂、成都无缝钢管厂、贵州铝厂、四川德阳第二重型机器厂、陕西富平压延厂、湖北第二汽车制造厂、四川汽车厂。在铁路交通方面，成昆铁路、湘黔铁路、焦枝铁路、贵昆铁路、京原铁路、汉丹铁路、宁铜铁路、通让铁路等先后建成。河南林县人民在县委领导下，用10年时间建成了长达1500公里的"人工天河"红旗渠，创造了新中国农民改天换地的历史传奇。

同时，这一时期，中国共产党作出了第二个伟大历史贡献，即团结带领中国人民完成社会主义革命，确立社会主义基本制度，消灭一切剥削制度，推进了社会主义建设。这一伟大历史贡献的意义在于，完成了中华民族有史以来最为广泛而深刻的社会变革，为当代中国一切发展进步奠定了根本政治前提和制度基础，为中国发展富强、中国人民生活富裕奠定了坚实基础，实现了中华民族由不断衰落到根本扭转命运、持续走向繁荣富强的伟大飞跃。

（资料来源：李忠杰《中国共产党的百年光辉历程》，载《党建》2021年第7期，第12－23页。）

二、改革开放后的政治体制改革

改革开放时期，党不断深化政治体制改革，发展社会主义民主政治，党和国家领导体制日益完善，全面依法治国深入推进，中国特色社会主义法律体系日益健全，人民当家作主的制度保障和法制保障更加有力，人权事业全面发展，爱国统一战线更加巩固，人民依法享有和行使民主权利的内容更加丰富、渠道更加便捷、形式更加多样。从宪法的修改完善和深入实施，到人民代表大会的根本政治制度、中国共产党领导的多党合作和政治协商制度、民族区域自治制度和基层群众自治制度等基本政治制度的不断健全完善，再到推进党和国家领导制度改革、推进依法治国、推进社会主义民主政治法制化、加强对权力运行的监督和制约，这一切都充分体现了党推进社会主义民主政治的不懈努力以及取得的巨大成就。正如习近平同志指出的："改革开放以来，我们党团结带领人民在发展社会主义民主政治方面取得了重大进展，成功开辟和坚持了中国特色社会主义政治发展道路，为实现最广泛的人民民主确立了正确方向。"①

【拓展阅读】

强化对权力运行制约和监督的实际法律条例

党的十八大以来，以习近平同志为核心的党中央深化党和国家监督体系改革，构建起一套行之有效的权力监督制度和执纪执法体系。

2017 年 10 月 18 日，习近平总书记在党的十九大报告中提出："构建党统一指挥、全面覆盖、权威高效的监督体系，把党内监督同国家机关监督、民主监督、司法监督、群众监督、舆论监督贯通起来，增强监督合力。"

2018 年 3 月，十三届全国人大一次会议通过了《中华人民共和国监察法》和《中华人民共和国宪法修正案》，以法律的形式全面填补国家监督空白，标志着国家监察体制改革取得重大成果。

2019 年 10 月，党的十九届四中全会通过了《中共中央关于坚持和完善中国特色社会主义制度 推进国家治理体系和治理能力现代化若干重大问题的决定》，提出"坚持和完善党和国家监督体系，强化对权力运行的制约和监督"，确立了党和国家监督体系在坚持和完善中国特色社会主义制度、推进国家治理体系和治理能力现代化中的重要支撑地位。

---

① 中共中央文献研究室编：《十八大以来重要文献选编》（上），中央文献出版社 2014 年版，第 88 页。

（资料来源：《强化对权力运行的制约和监督 党和国家监督体系这样完善!》，见中国网，http://guoqing. china. com. cn/2021-02/25/content _ 77227295. html。）

三、党的十八大以来的完善与发展

党的十八大以来，以习近平同志为核心的党中央把发展社会主义民主政治作为推进国家治理体系和治理能力现代化的重要内容，在全面深化改革中推进社会主义民主政治的完善和发展，社会主义政治文明建设取得丰硕成果：积极发展社会主义民主政治，推进全面依法治国，党的领导、人民当家作主、依法治国有机统一的制度建设全面加强，党的全面领导体制机制不断完善，党内民主更加广泛，社会主义协商民主全面展开，爱国统一战线巩固发展；科学立法、严格执法、公正司法、全民守法深入推进，法治国家、法治政府、法治社会建设相互促进，中国特色社会主义法治体系日益完善，全社会法制观念明显增强；国家监察体制改革取得实效，行政体制改革、司法体制改革、权力运行制约和监督体系建设有效实施，形成了安定团结的政治局面、风清气正的政治环境，调动和激发了人民群众投身改革开放和现代化建设的积极性，为创造更加充满活力、更加规范有序的社会提供了坚强保障。

历史实践表明，中国特色社会主义政治发展道路是符合中国国情、保证人民当家作主的正确道路，具有强大生命力和广阔发展前景。它符合时代发展要求、推动国家文明进步、保障中华民族实现复兴；充分体现了人民的共同意志、保障了人民民主的权利、维护了人民的根本利益。中国特色社会主义政治发展道路深深根植于中国历史和实践，是历史和人民的选择，是党和人民经受住各种困难和风险考验、顺利推进社会主义现代化建设的根本保证。

第三节　坚持中国特色社会主义民主政治的发展道路

一个国家的政治发展道路必须符合本国的国情。改革开放以来，中国共产党团结带领中国人民在发展社会主义民主政治方面取得了重大进展，成功开辟和坚持了中国特色社会主义政治发展道路，为实现最广泛的人民民主确立了正确方向，为中国社会主义现代化建设奠定了坚实的政治基础。

一、坚持正确的政治发展道路是关系根本、关系全局的重大问题

政治发展道路，是一个国家政治建设的途径和方式的总称，包括国家的政治制度和根本任务，国家的领导力量和依靠力量，政治发展的方向、原则和要求等。政治发展道路决定国家的前途命运。习近平总书记指出："以什么样的思路来谋划和推进中国社会主义民主政治建设，在国家政治生活中具有管根本、管全局、管长远的作用。古今中外，由于政治发展道路选择错误而导致社会动荡、国家分裂、人亡政息的例子比比皆是。中国是一个发展中大国，坚持正确的政治发展道路更是关系根本、关系全局的重大问题。"[1]

中国特色社会主义进入新时代，社会主要矛盾发生了变化，党的使命任务发生了变化，因此，习近平总书记强调，"民心是最大的政治"[2]。但中国仍处于并将长期处于社会主义初级阶段的基本国情没有变。只有坚持中国特色社会主义政治发展道路，充分发扬社会主义民主，保证人民当家作主，调动人民群众投身社会主义现代化建设的积极性，才能为社会主义

---

[1]　《习近平谈治国理政》（第二卷），外文出版社 2017 年版，第 285 页。
[2]　中共中央文献研究室编：《习近平关于全面从严治党论述摘编》，中央文献出版社 2016 年版，第 190 页。

现代化建设和中华民族伟大复兴中国梦提供坚强的政治保障。

一个国家选择什么样的治理体系，是由这个国家的历史传承、文化传统、经济社会发展水平决定的，是由这个国家的人民决定的。我国今天的国家治理体系，是在我国历史传承、文化传统、经济社会发展的基础上长期发展、渐进改进、内生性演化的结果。因此，在政治制度模式上，我们要坚持目前的中国特色社会主义制度，坚定中国特色社会主义制度自信，增强走中国特色社会主义政治发展道路的信心和决心。

当今世界，意识形态领域看不见硝烟的战争无处不在，政治领域的较量集中表现在不同政治发展道路的选择上。中国作为世界上最大的发展中国家，而且是共产党长期执政的社会主义国家，更要坚定制度自信，确保国家政治安全。

二、走中国特色社会主义政治发展道路必须坚持中国共产党的领导

走中国特色社会主义政治发展道路，关键是坚持党的领导、人民当家作主、依法治国有机统一，最根本的是坚持中国共产党的领导。习近平总书记指出："中国共产党是中国特色社会主义事业的领导核心，处在总揽全局、协调各方的地位。在当今中国，没有大于中国共产党的政治力量或其他什么力量。党政军民学，东西南北中，党是领导一切的，是最高的政治领导力量。"[①]

因此，办好中国的事情，关键在党。中华民族近代以来180多年的历史、中国共产党成立以来100年的历史、中华人民共和国成立以来70多年的历史都充分证明，没有中国共产党，就没有新中国，就没有中华民族伟大复兴。历史和人民选择了中国共产党。中国共产党领导是中国特色社会主义最本质的特征，是中国特色社会主义制度的最大优势，是党和国家的根本所在、命脉所在，是全国各族人民的利益所系、命运所系。

在中国，坚持中国共产党的领导，就是支持和保证人民实现当家作主。我们必须坚持党总揽全局、协调各方的领导核心作用，通过人民代表

———————

① 中共中央文献研究室编：《习近平关于社会主义政治建设论述摘编》，中央文献出版社2017年版，第30页。

大会制度，保证党的路线方针政策和决策部署在国家工作中得到全面贯彻和有效执行。要支持和保证国家政权机关依照宪法法律积极主动、独立负责、协调一致开展工作。要不断加强和改善党的领导，善于使党的主张通过法定程序成为国家意志，善于使党组织推荐的人选通过法定程序成为国家政权机关的领导人员，善于通过国家政权机关实施党对国家和社会的领导，善于运用民主集中制原则维护党和国家权威、维护全党全国团结统一。

此外，党的领导也是社会主义法治最根本的保证。坚持中国特色社会主义法治道路，最根本的是坚持中国共产党的领导。依法治国是我们党提出来的，把依法治国上升为党领导人民治理国家的基本方略也是我们党提出来的，而且党一直带领人民在实践中推进依法治国。全面推进依法治国，有利于加强和改善党的领导，有利于巩固党的执政地位、完成党的执政使命。

中国特色社会主义制度是一个严密完整的科学制度体系，起四梁八柱作用的是根本制度、基本制度、重要制度，其中具有统领地位的是党的领导制度。党的领导制度是我国的根本领导制度。党的十八大以来，我们鲜明提出，中国特色社会主义最本质的特征是中国共产党领导，中国特色社会主义制度的最大优势是中国共产党领导，党是最高政治领导力量。党的十九届四中全会强调，"必须坚持党政军民学、东西南北中，党是领导一切的，坚决维护党中央权威，健全总揽全局、协调各方的党的领导制度体系，把党的领导落实到国家治理各领域各方面各环节"[1]。这是党领导人民进行革命、建设、改革最可宝贵的经验。我们推进各方面制度建设、推动各项事业发展、加强和改进各方面工作，都必须坚持党的领导，自觉贯彻党总揽全局、协调各方的根本要求。

---

[1]　鞠鹏、申宏：《中共十九届四中全会在京举行》，载《人民日报》2019 年 11 月 1 日第 1 版。

【拓展阅读】

两　会

现代指称的"两会"是指全国人民代表大会和中国人民政治协商会议。其实最早时并没有"两会"这个称呼。

1949 年 9 月 21 日，中国人民政治协商会议第一届全国委员会全体会议在北平中南海怀仁堂开幕。各民主党派、团体、无党派民主人士和特邀代表共 662 人参加会议。

这次会议通过了很多重要的事：通过了具有临时宪法性质的《中国人民政治协商会议共同纲领》，决定新中国的名称为中华人民共和国，国旗为五星红旗，国歌为《义勇军进行曲》，采用世界公元纪年；还通过了将首都设于北平市，同时将北平改名为北京的决议。第一届全国人大一次会议的召开时间，则是在 1954 年 9 月 15 日。这次会议通过了首部《中华人民共和国宪法》，也叫"五四宪法"。

"两会"这个词，在 1959 年之后才产生：从当年起，全国人大和全国政协会议开始基本同步召开，一个时间是 4 月 18 日，一个则是 4 月 17 日。而且出席会议的全国政协委员还首次列席了当年的全国人大会议，听取了政府工作报告，并参加了讨论。

政协委员列席人大会议这一制度，就从这一年开始。

由于这个原因，每年不管是全国，还是地方，政协会议开幕的时间，要比人大会议早。一般情况下，地方"两会"，政协会议开幕的时间比人大会议要早 1 天，全国一般是 2 天，2021 年则是早 1 天。

人大代表和政协委员每届任期 5 年，都是每年举行 1 次会议。虽然同步进行，任期相同，每年也都召开一次会议。但在表达上，两者之间还是有差异的，像人大会议的简称是"×届全国人大×次会议"，政协会议的简称是"全国政协×届×次会议"；人大代表提的是"议案"，政协委员提的是"提案"；人大代表审议政府工作报告，政协委员则是讨论。

目前，全国"两会"的时间，如果没有特殊情况，一般会选在当年 3 月。其实，在相当一段时间内，每年"两会"的时间并不固定，比如说五届全国人大，一次会议在 2 月开，二次会议在 6 月，三次会议在 8 月，四次和五次会议则在 11 月。六届全国人大，一次会议在 6 月开，二次会议召开时间在次年 5 月。

从六届全国人大三次会议，也就是 1985 年起，除了像去年这种特殊情况，召开时间就基本在 3 月。

3 月举行两会，可以给上年决算和当年预算留出时间，而且地方两会均已召开完毕，上一年度经济社会等方面的成绩也已统计完成。另外，也有人性化的考虑，选择 3 月份可以避免与春节重叠，给代表委员们充裕的时间准备。

不过，刚开始时日期还略有变动，3 月的 10 日、15 日、20 日、22 日、25 日、27 日都曾被选定为开幕日期，从 1995 年八届全国人大三次会议起，开幕时间就基本定在 3 月 5 日；而全国政协会议的开幕时间，从 1995 年起，也一般定在 3 月 3 日。

每年的两会，通常会有以下议程：

人大会议议程通常有：审议政府工作报告，审查上一年的国民经济和社会发展计划执行情况与这一年的国民经济和社会发展计划草案的报告、这一年的国民经济和社会发展计划草案，审查上一年的中央和地方预算执行情况与这一年的中央和地方预算草案的报告、这一年的中央和地方预算草案，审议全国人民代表大会常务委员会工作报告，审议最高人民法院工作报告，审议最高人民检察院工作报告。

今年除了这些"常规动作"外，十三届全国人大四次会议还有这些议程：审查国民经济和社会发展第十四个五年规划和 2035 年远景目标纲要草案，审议全国人民代表大会常务委员会关于提请审议《中华人民共和国全国人民代表大会组织法（修正草案）》的议案，审议全国人民代表大会常务委员会关于提请审议《中华人民共和国全国人民代表大会议事规则（修正草案）》的议案。

全国政协会议通常是这些议程：听取和审议全国政协常委会工作报告和关于提案工作情况的报告；列席全国人大会议，听取并讨论政府工作报告及其他有关报告。今年则还有讨论国民经济和社会发展第十四个五年规划和 2035 年远景目标纲要草案等议程。

（资料来源：黄宏《两会是个什么会？这些知识点你知道吗？》，见浙江新闻官网，https://zj.zjol.com.cn/news/1627277.html。）

思考题

1. 坚持走中国特色社会主义政治发展道路的重大意义是什么？
2. 如何坚持和完善我国社会主义政治制度？
3. 试论述中国特色社会主义民主政治的独特优势。

第一章　坚持党的领导、人民当家作主、依法治国有机统一

坚持党的领导、人民当家作主、依法治国有机统一是社会主义政治发展的必然要求。党的领导是人民当家作主和依法治国的根本保证，人民当家作主是社会主义民主政治的本质特征，依法治国是党领导人民治理国家的基本方式，三者统一于我国社会主义民主政治伟大实践。

——《决胜全面建成小康社会　夺取新时代中国特色社会主义伟大胜利——在中国共产党第十九次全国代表大会上的报告》，第 36 页

第一节　党的领导是人民当家作主和依法治国的根本保证

中国特色社会主义最本质的特征是中国共产党领导，中国特色社会主义制度的最大优势是中国共产党领导，党是最高政治领导力量。坚持党的领导、人民当家作主、依法治国有机统一，最根本的是坚持党的领导。

一、党的领导地位是历史和现实的选择

中国共产党的领导地位和执政地位，不是自封的，而是历史的选择、人民的选择，是在团结带领人民进行社会革命的三次伟大飞跃中得以形成和巩固的。

中国共产党诞生后，团结带领人民经过长期奋斗，完成新民主主义革命和社会主义革命，建立起中华人民共和国和社会主义基本制度，进行了社会主义建设的艰辛探索，完成了中华民族有史以来最为广泛而深刻的社会变革，为当代中国一切的发展进步奠定了根本政治前提和制度基础，实现了中华民族从落后弱小到站起来的伟大飞跃。

改革开放以来，中国共产党团结带领人民进行建设中国特色社会主义新的伟大实践，使中国大踏步赶上了时代，极大激发广大人民群众的创造性，极大解放和发展社会生产力，极大增强社会发展活力，人民生活显著改善，综合国力显著增强，国际地位显著提高，实现了中华民族从站起来到富起来的伟大飞跃。

在新时代，中国共产党人团结带领人民进行伟大斗争、建设伟大工程、推进伟大事业、实现伟大梦想，推动党和国家事业取得全方位、开创性历史成就，发生深层次、根本性历史变革，解决了许多长期想解决而没有解决的难题，办成了许多过去想办而没有办成的大事，中华民族迎来了从富起来到强起来的伟大飞跃。

正是在从站起来、富起来到强起来的三次伟大飞跃中，历史和人民选择了中国共产党的领导。正如习近平总书记所指出的："只要我们深入了解中国近代史、中国现代史、中国革命史，就不难发现，如果没有中国共产党领导，我们的国家、我们的民族不可能取得今天这样的成就，也不可能具有今天这样的国际地位。"[①] 中国共产党领导中华民族伟大复兴的事业是正确的，必须长期坚持、永不动摇；中国共产党领导中国人民开辟的中国特色社会主义道路是正确的，必须长期坚持、永不动摇；中国共产党和中国人民扎根中国大地、吸纳人类文明成果、独立自主实现国家发展的战略是正确的，必须长期坚持、永不动摇。

二、党的领导是人民当家作主的根本保证

人民当家作主是社会主义的本质，是党以人民为中心的根本立场、观点和群众路线在社会主义民主政治建设中的体现。我们党既把人民当家作

---

① 中共中央文献研究室编：《习近平关于社会主义政治建设论述摘编》，中央文献出版社2017年版，第32页。

主作为中国特色社会主义政治发展道路的核心要义，也把人民当家作主作为处理党与人民关系的核心理念，还把支持人民当家作主作为实现党性与人民性在民主政治建设领域相统一的重要实现形式。一方面，人民民主是社会主义的生命，实现人民当家作主是我们党矢志不渝的奋斗目标，是坚持党的本质属性和践行党的根本宗旨的必然要求。另一方面，我们党是全心全意为人民服务、代表中国最广大人民根本利益、来自人民、服务人民、为了人民的马克思主义政党。这就决定了我们党必须紧紧依靠人民治国理政、管理社会，把政治智慧的增长、治国理政本领的增强深深扎根于人民的创造性实践之中。中国共产党的领导，就是支持和保证人民当家作主，实现人民当家作主的权利，保证国家权力掌握在人民手中，为人民服务。

支持和保证人民当家作主，体现为我们党领导人民进行有效的利益表达、利益综合、利益协调，形成社会共识，维护和实现人民群众的根本利益。中国是一个发展中大国，有着 14 亿多人口，人民群众的利益具有广泛性、多样性、复杂性等特点。在涉及公共议题的意见表达时，可以说有多少位参与者就有可能有多少种意见。如果不对这些不同的意见进行综合、协调，各种意见无法达到一致，人民当家作主的初衷可能异化为谁也做不了主。因此，在利益多元和意见多样的条件下，中国共产党作为中国最广大人民的根本利益的代表者，能够兼顾不同方面的合理利益、局部利益与整体利益、当前利益与长远利益、具体利益与根本利益。如果没有党的领导，不能对各种利益关系加以调整和融合，盲目地追求形式上的民主，容易导致"无政府状态"，导致金钱政治、社会不公乃至国家分裂。

支持和保证人民当家作主，体现为我们党领导人民广泛动员和组织人民群众通过直接或间接选举产生各级人大代表、组成各级人大，选举产生各级政府，通过人民代表大会制度掌握国家权力，通过各种途径和形式，管理国家事务、管理经济和文化事业、管理社会事务，以此保证国家各项事业的发展符合人民的意愿、利益和要求，国家制定的法律和方针、政策能够保障人民当家作主。

支持和保证人民当家作主，体现为我们党领导人民实行社会主义协商民主，发展基层民主。协商民主是实现党的领导的重要方式。通过广泛深入地沟通和协商，形成社会共识，在充分协商中实现党的领导和发扬社会主义民主有机统一。基层民主是人民依法直接行使民主权利的重要方式。在城乡社区治理、基层公共事务和公益事业中，群众依法办理自己的事情，通过民主选举、民主协商、民主决策、民主管理、民主监督，实行自我管理、自我教育、自我服务。

支持和保证人民当家作主，体现为我们党领导人民有效地监督政府，把权力运行置于人民的监督之下，确保政府对人民负责、为人民服务。事实证明，只有让人民来监督政府，政府才不敢松懈；只有人人起来负责，才不会人亡政息。发展民主，保证人民当家作主，必须尊重和支持人民的主体地位，采取有效措施，让人民监督权力，让权力在阳光下运行。

支持和保证人民当家作主，体现为我们党领导人民严格贯彻公民在法律面前一律平等的原则，使人民享有法律上、事实上的广泛的、充分的、真实的自由和权利。进入新时代，人民对民主、法治、公平、正义、安全、环境等方面的需要日益增长。我们党要适应新形势，更加尊重和保障人权，维护社会公平与正义，保证人民平等参与、平等发展的权利。

通过这些制度和法律保障，人民的事情人民议、人民办，人民在国家政治生活、经济生活、文化生活、社会生活各方面都能够充分行使自己的民主权利，有序参与政治生活，真正作为国家的主人，运用属于自己的公共权力和各项公民权利去维护和实现自己的利益。习近平总书记指出，"保证和支持人民当家作主不是一句口号、不是一句空话，必须落实到国家政治生活和社会生活之中"[1]，必须具体地、现实地落实到党和国家各方面治理活动和工作上来，落实到人民对美好生活的向往和自身利益的实现与发展上来。

三、党的领导是依法治国的根本保证

坚持中国共产党领导，是实行依法治国、建设社会主义法治国家的政治保证。在党的领导下实行法治，统筹依法治国各领域工作，把党的领导贯彻到依法治国全过程和各方面，体现在党领导立法、保证执法、支持司法、带头守法上。

---

[1]　中共中央文献研究室编：《十八大以来重要文献选编》（中），中央文献出版社 2016 年版，第 72 页。

（一）领导立法

在领导立法方面，党根据人民意愿提出立法建议，立人民需要的法，使党的政策主张通过法定程序转化为国家意志。要建立健全党领导立法的工作体制，完善党对立法工作中重大问题决策的程序。凡立法涉及重大体制和重大政策调整的，必须由党中央讨论决定。党中央向全国人大提出宪法修改建议，依照宪法规定的程序进行宪法修改。法律制定和修改的重大问题由全国人大常委会党组向党中央报告。不管是编制五年立法规划、年度立法计划，还是在法规内容的设定上，立法机关都要根据党中央和地方党委的统一部署和重大决策，积极主动地服从服务于党的工作大局，确保立法能准确反映党和国家事业发展的要求。

（二）保证执法

在保证执法方面，党要督促、支持和保证国家机关依法行政，坚持严格规范公正文明执法，在法治的轨道上推动各项工作的开展。要改革行政执法体制，完善行政执法程序，创新行政执法方式，全面落实行政执法责任制，健全行政执法人员管理制度，加强行政执法保障。各级党委和领导干部要支持行政执法机关依法公正行使职权，不允许行政执法人员做不符合法律规定的事情。

（三）支持司法

在支持司法方面，各级党委和领导干部要支持法院、检察院依法独立公正行使职权，健全行政机关依法出庭应诉、支持法院受理行政案件、尊重并执行法院生效裁判的制度，建立健全司法人员履行法定职责保护机制。任何党政领导干部都不得让司法机关做违反法定职责、有碍司法公正的事情，任何司法机关都不得执行党政领导干部违法干预司法活动的要求。

（四）带头守法

在带头守法方面，党要坚持把全民普法和守法作为依法治国的长期基础性工作，引导全民自觉守法。正人者先正己，律人者先律己。宪法法律是党领导人民制定的，党要率先遵守，把党领导人民制定和实施宪法法律同党坚持在宪法法律范围内活动统一起来，做守法的表率。

四、领导干部要强化党的领导意识

党员特别是党的领导干部要强化党的领导意识，坚持在党爱党、在党言党、在党忧党、在党为党，树立政治意识、大局意识、核心意识、看齐意识。

（一）政治意识

树立政治意识，要求领导干部善于从政治上看待、分析和处理问题，在任何时候、任何情况下都要坚定政治信仰，坚持正确的政治方向，坚持政治原则，站稳政治立场，保持政治定力，增强政治敏锐性和政治鉴别力，做政治上的"明白人"。要严肃党内政治生活，严守政治纪律和政治规矩，研究制定政策要把握政治方向，谋划推进工作要贯彻政治要求，解决矛盾问题要注意政治影响，发展党员、选人用人要突出政治标准，对各类组织要加强政治领导、政治引领，对各类人才要加强政治吸纳。

（二）大局意识

树立大局意识，要求领导干部自觉从大局看问题，把工作放到大局中去思考、定位、摆布，做到正确认识大局、自觉服从大局、坚决维护大局。要正确处理中央与地方、局部与全局、当前与长远的关系，自觉从党和国家大局出发想问题、办事情、抓落实，坚决贯彻落实党中央决策部署，确保中央政令畅通。

（三）核心意识

树立核心意识，要求领导干部在思想上认同核心、在政治上围绕核心、在组织上服从核心、在行动上维护核心，坚决维护习近平总书记党中央的核心、全党的核心地位，坚决维护党中央权威和集中统一领导。一个国家、一个政党，领导核心至关重要。保证全党服从中央，坚持党中央权威和集中统一领导，是党的政治建设的首要任务。领导干部要坚定执行党的政治路线，严格遵守政治纪律和政治规矩，在政治立场、政治方向、政治原则、政治道路上同党中央保持高度一致，更加扎实地把党中央部署的各项任务落到实处，确保党始终成为中国特色社会主义事业的坚强领导核心。

（四）看齐意识

树立看齐意识，要求领导干部向以习近平同志为核心的党中央看齐，向党的理论和路线方针政策看齐，向党中央决策部署看齐，做到党中央提倡的坚决响应、党中央决定的坚决执行、党中央禁止的坚决不做。讲看齐，对党员干部来说，不是个人的小事，而是事关政治方向的大事；不是一般的品行要求，而是党性要求。要经常和党中央要求"对表"，看看有没有"慢半拍"的问题，有没有"时差"的问题，有没有"看不齐"的问题，主动进行调整、纠正、校准。

第二节　人民当家作主是社会主义民主政治的本质特征

人民当家作主是社会主义民主政治的本质和核心。发展社会主义民主政治，要坚持人民民主是社会主义生命的理念，积极扩大人民民主，健全民主制度，丰富民主形式，拓宽民主渠道，从各层次各领域扩大公民有序政治参与，发展更加广泛、更加充分、更加健全的人民民主。

一、人民民主是社会主义的生命

早在改革开放之初，邓小平同志就指出："没有民主就没有社会主义，就没有社会主义的现代化"①，"我们进行社会主义现代化建设，是要在经济上赶上发达的资本主义国家，在政治上创造比资本主义国家的民主更高更切实的民主"②。这意味着我们党对民主与社会主义有机联系的认识提高到了生命相依的高度，把人民民主当作社会主义的立身之本，当作社会

---

① 中共中央文献研究室编：《三中全会以来重要文献选编》（上），中央文献出版社 2011 年版，第 82 页。

② 中共中央文献研究室编：《三中全会以来重要文献选编》（上），中央文献出版社 2011 年版，第 444 页。

主义现代化的目标。

在政治上创造比资本主义国家的民主更高更切实的民主，是社会主义民主在人类政治文明历史长河中的比较优势。民主是具体的、历史的，具有阶段性特征。从历史发展阶段来看，与封建专制政治相比，资本主义民主是一种历史的进步，它使民众逐渐确立了自由平等、人权等现代观念，也使民众在选举中获得了一定程度地表达自己意愿的民主权利。但由于资本主义民主的本质是资本影响权力，是资本控制下的民主，由于资本主要掌握在资产阶级少数人手中，因此，资本主义民主是少数人的民主。而社会主义民主则是工人阶级和广大劳动人民的民主。与少数人的民主相比，社会主义民主要在最广范围内实现真正的民主，是要破除少数人统治多数人的不平等制度，实现人的自由而全面的发展，使人民群众真正成为国家的主人，因此是更高水平、更高阶段的民主，是最先进的民主。

人民民主关系着社会主义的生死存亡。新中国成立后，在发展民主问题上我们党有成功的经验，也有严重曲折和失败教训。在总结"文化大革命"的教训时，邓小平同志指出："我们过去对民主宣传得不够，实行得不够，制度上有许多不完善，因此，继续努力发扬民主，是我们全党今后一个长时期的坚定不移的目标。"[①] 一些共产党领导的社会主义国家遭受重大挫折，一个很重要的原因是没有能够高度重视和解决民主问题。社会主义要生存，离不开发展。社会主义愈发展，民主也愈发展。中国特色社会主义进入新时代，各方面建设必须依靠广大人民群众来进行，也只有发扬民主，将民主视为社会主义的生命，尊重人民的主体地位，有序推进人民民主，才能有效凝聚民心、民气、民力，才能使社会主义充满活力和生机，才能极大增强广大人民群众的主人翁意识，才能充分调动人民群众的积极性、主动性和创造性，才能坚持和发展新时代中国特色社会主义。

---

① 中共中央文献研究室编：《三中全会以来重要文献选编》（上），中央文献出版社 2011 年版，第89页。

二、完善人民当家作主的社会主义实践

人民当家作主是社会主义民主政治的本质特征。社会主义民主政治是一个不断发展、不断完善的过程。社会主义愈发展，民主也愈发展。为了发展社会主义民主政治，要健全民主制度，丰富民主形式，拓宽民主渠道，扩大人民有序政治参与，保证人民依法实行民主选举、民主协商、民主决策、民主管理、民主监督，保障人民知情权、参与权、表达权、监督权。

（一）健全人民当家作主的制度体系

人民当家作主，要靠健全的制度体系来保证。经过长期发展，我们已经形成了由人民代表大会制度、中国共产党领导的多党合作和政治协商制度、民族区域自治制度、基层群众自治制度构成的政治制度体系，还有一些具体制度和规范来配套。中国特色社会主义制度是特色鲜明、富有效率的，但还不是尽善尽美、成熟定型的。中国特色社会主义事业不断发展，中国特色社会主义制度也需要不断完善。邓小平同志在1992年年初曾展望：“恐怕再有三十年的时间，我们才会在各方面形成一整套更加成熟、更加定型的制度。”① 党的十八届三中全会把邓小平同志这一战略构想落实下来，提出到2020年在重要领域和关键环节改革上取得决定性成果，形成系统完备、科学规范、运行有效的制度体系，使各方面制度更加成熟更加定型。从形成更加成熟更加定型的制度看，中国特色社会主义制度建设可以分为两个半程：前半程的主要历史任务是建立社会主义基本制度，并在这个基础上进行改革，这个半程已经走过了，已经有了很好的基础。在新时代，制度建设进入后半程，后半程的主要历史任务是完善和发展中国特色社会主义制度，为党和国家事业发展、为人民幸福安康、为社会和谐稳定、为国家长治久安提供整套更完备、更稳定、更管用的制度体系。

---

① 中共中央文献研究室编：《十三大以来重要文献选编》（下），中央文献出版社2011年版，第357页。

（二）丰富人民当家作主的实践形式

民主制度需要通过民主形式来体现，民主的形式为民主的内容服务，并随内容的变化而变化。民主不只是投票选举一种形式。人民只有投票的权利而没有广泛参与的权利，人民只有在投票时被唤醒、投票后就进入休眠期，这样的民主是形式主义的。为了避免民主的形式主义，切实防止选举时漫天许诺、选举后无人过问的现象，切实防止形式上有权、实质上无权的现象，就要既在选举投票时更加体现选举人意志，又要在重大决策前在人民内部各方面进行充分协商，建立健全提案、会议、座谈、论证、听证公示、评估、咨询、网络等多种协商方式。

（三）拓宽人民当家作主的民主渠道

在发展民主过程中，渠道畅通很重要。一旦渠道单一、狭窄甚至阻塞，将直接影响到民主的效果和质量。要重点畅通和拓宽知情、参与、表达、监督等民主渠道，通过有效的信息公开，保证人民群众的知情权，使民主参与更加理性；畅通政治参与渠道，鼓励更多的人民群众依法依规参与国家和社会的公共生活，在参与中不断提高政治参与的意识、积累政治参与的经验、提高政治参与的质量和水平。要营造良好的讨论氛围，鼓励人民群众畅所欲言，大胆发表自己的意见，形成又有集中又有民主、又有纪律又有自由、又有统一意志又有个人心情舒畅生动活泼的政治局面。

【拓展阅读】

渝北区进行人大代表换届选举投票

12月10日，重庆市渝北区区、镇人大代表换届选举投票工作拉开大幕。一大早，两江新区管委会机关的选民们，纷纷来到金山街道第二选区金山大厦投票站，严肃认真地为自己心中满意的正式代表候选人投下神圣而庄严的一票。

按照渝北区选举委员会的安排，本次人大代表换届选举工作从今年6月开始，共经历了组织准备、选民登记、提名推荐酝酿协商确定代表候选人、投票选举4个阶段。金山街道共设有4个选区，选民们将在15名正式代表候选人中选出 11 名渝北区区级人大代表。

据了解，在本次人大代表换届选举工作中，渝北全区共划分区人大代表选区 171 个，镇人大代表选区 322 个，登记选民 135.8 万名，设立 299 个中心会场、1713 个投票站。部分选区还为交通或行动不便的选民投票设立了流动票箱，共有近 1.6 万名工作人员在各站点为选民服务。

（资料来源：人民网－重庆频道《渝北区进行人大代表换届选举投票》，见人民网，http://cq. people. com. cn/n2/2021/1210/c365411-35045800. html。）

三、巩固人民有序政治参与的建设成果

政治参与是民主政治的生命，是衡量政治体系民主化和现代化程度的主要标准之一。我国是社会主义国家，满足人民的政治参与需要，为人民提供畅通的利益表达渠道，是我国民主政治建设的应有之义。发展社会主义民主政治，积极扩大人民的有序政治参与，要加强制度与机制建设，不断满足人民群众的政治参与需求，更好地保障人民群众的民主权利。

（一）持续扩大人民群众的有序政治参与

一方面，要在坚持和完善现有的公民政治参与方式的基础上，不断探索新的政治参与方式和形式，拓展政治参与的广度、深度。从广度来看，就是要动员和组织更多的人民群众参与管理中央、地方、基层各层面的公共事务；从深度来看，就是要在选举、协商、决策、管理、监督等各个环节，丰富参与形式、拓展参与内容，增强人民群众对国家和社会事务的参与感。另一方面，也要强调公民的民主参与要在法治框架内进行，循序渐进，鼓励人民群众进行有程序、有秩序的理性参与，防止极端民主化和无政府主义。只有扩大参与，才能满足人民在民主、法治、公平、正义、安全、环境等方面日益增长的需要，为我国社会主义民主政治的不断发展提供必要动力；只有通过有序参与，才能充分体现我国社会主义民主的性质，保证社会和谐稳定，保证国家政治生活既充满活力又安定有序。

（二）切实保证人民群众民主权利

要维护国家法制统一、尊严、权威，加强人权法治保障，保证人民依法享有广泛权利和自由、承担应尽的义务。根据我国宪法和有关法律规定，公民有依法参与国家政治生活、管理国家事务和社会事务、表达意愿的权利和自由。有权利和自由，就要有相应的权利和自由的保障机制，否则权利和自由必然是"空转"。随着我国经济社会的发展，人民群众对国家政治和社会生活的参与意识、对权利和自由的要求、对自身能力的发挥和自身价值的追求，呈现出越来越积极的发展趋势。法律既是人民保障自身权利的有力武器，也是必须遵守的行为规范。要依法保障公民权利，加快完善体现权利公平、机会公平、规则公平的法律制度，保障公民人身权、财产权、基本政治权利等各项权利不受侵犯，保障公民经济、文化、社会等各方面权利得到落实，实现公民权利保障法治化。

四、领导干部要发扬民主作风

党的作风就是党的形象，关系人心向背，关系党的生死存亡。党的民主作风，是我们党实现正确领导、推进党的事业的重要保证，也是我们党的优良传统。推进党内民主、发展社会主义民主政治，领导干部要增强民主意识，发扬民主作风，在坚持和健全民主集中制方面作出表率。

民主集中制包括民主和集中两个方面，两者互为条件、相辅相成、缺一不可。这项制度是我们党的根本组织原则和领导制度，是马克思主义政党区别于其他政党的重要标志，是科学合理而又有效率的制度。领导干部坚持和健全民主集中制，就是要把充分发扬党内民主和正确实行集中有机结合起来。

发扬民主作风，领导干部要营造民主讨论的良好氛围，有事好商量，遇事多商量，鼓励讲真话、讲实话、讲心里话，允许不同意见碰撞和争论，在研究讨论问题时，领导干部特别是主要领导要把自己当成班子中平等的一员，充分发扬民主，严格按程序决策、按规矩办事，注意听取不同意见，正确对待少数人意见，不能搞一言堂。每个班子成员都要恪尽职守、各负其责，积极建言献策，不准把分管工作、分管领域和地方当作"私人领地"，不准搞独断专行。

发扬民主作风，领导干部要善于进行正确集中，把不同意见统起来，把各种分散意见中的真知灼见提炼概括出来，把符合事物发展规律、符合广大人民群众根本利益的正确意见集中起来，作出科学决策，坚决反对和防止独断专行或各自为政，坚决反对和防止议而不决、决而不行、行而不实。把民主和集中有机统一起来，既最大限度激发全党创造活力，又统一全党思想和行动，有效防止和克服分散主义，真正把民主集中制的优势变成我们党的政治优势、组织优势、制度优势、工作优势。

第三节　依法治国是党领导人民治理国家的基本方式

全面依法治国是中国特色社会主义的本质要求和重要保障。全面推进依法治国，要更加注重发挥法治在推进国家治理体系和治理能力现代化中的重要作用，确保党的领导贯彻落实到依法治国全过程和各方面。

一、法治体系是国家治理体系的骨干工程

法治是现代国家治理的基本方式，是国家治理现代化的重要标志，与国家治理体系和治理能力有着内在的联系和外在的契合。在我国，一方面，法治体系既包括以党章为根本、若干配套党内法规为支撑的党内法规制度体系，也包括以宪法为核心的中国特色社会主义法律体系；另一方面，法治能力是国家治理能力的一个重要方面，表现为运用法治思维和法治方式治国理政、推动发展，全面提高党依据宪法法律治国理政、依据党内法规管党治党的能力。在推进国家治理体系和治理能力现代化的过程中，要不断健全法治体系、提高法治能力。

全面依法治国是国家治理的一场深刻革命，必须坚持厉行法治。没有法治，就没有国家治理的现代化。与法治相对应的，就是人治。综观世界近现代史，凡是顺利实现现代化的国家，没有一个不是较好解决了法治和人治问题的。我们党对依法治国问题的认识经历了一个不断深化的过程，有过新中国成立初期法制建设的成功经验，也有过"文化大革命"严重破

坏法制的惨痛教训。党的十一届三中全会以来，我们党以高度的历史主动性全面推进法治，我国各项治理制度的创新发展始终与法律制度体系完善发展保持同步。邓小平同志强调："必须使民主制度化、法律化，使这种制度和法律不因领导人的改变而改变，不因领导人的看法和注意力的改变而改变。"①

改革开放以来，特别是党的十八大以来，我们党加快推进法治中国建设，注重发挥法治引领和规范作用，注重把法治理念、法治精神、法治原则和法治方法贯穿到经济、政治、文化、社会、生态文明、治党治军等党和国家治理实践之中，逐步形成办事依法、遇事找法、解决问题用法、化解矛盾靠法的良好法治习惯。

实行现代法治、推进国家治理现代化，一个很重要的方面就是实现国家治理的法治化，正确处理好改革与法治的关系。习近平总书记指出："改革和法治如鸟之两翼、车之两轮。"② 要善于以法治凝聚改革共识，以法治引领改革方向，以法治规范改革程序，以法治确认、巩固和扩大改革成果。改革不能以牺牲法制的尊严、统一和权威为代价，凡属重大改革，要于法有据，确保在法治轨道上推进改革。需要修改法律的可以先修改法律，先立后破，有序进行；有的重要改革措施需要得到法律授权的，要按法定程序进行，不得超前推进。防止违反宪法法律的"改革"对宪法法律秩序造成严重冲击，对法治产生"破窗效应"。

二、党和法治的关系是法治建设的核心问题

习近平总书记指出："党和法的关系是一个根本问题，处理得好，则法治兴、党兴、国家兴；处理得不好，则法治衰、党衰、国家衰。"③

从我国的政治实践来看，党的领导和社会主义法治是一致的。党的领导是中国特色社会主义法治之魂，是我国的法治同西方资本主义国家的法治最大的区别。离开了中国共产党的领导，中国特色社会主义法治体系、

---

① 中央机构编制委员会办公室编：《邓小平论行政管理体制和机构改革》，中央文献出版社1996年版，第95页。

② 《习近平谈治国理政》（第二卷），外文出版社2017年版，第39页。

③ 中共中央文献研究室编：《习近平关于全面依法治国论述摘编》，中央文献出版社2015年版，第33页。

社会主义法治国家就建不起来。习近平总书记指出："依法治国是我们党提出来的，把依法治国上升为党领导人民治理国家的基本方略也是我们党提出来的，而且党一直带领人民在实践中推进依法治国。全面推进依法治国，要有利于加强和改善党的领导，有利于巩固党的执政地位、完成党的执政使命，决不是要削弱党的领导。"①

社会主义法治必须坚持党的领导，党的领导必须依靠社会主义法治。在我国，法是党的主张和人民意愿的统一体现，党领导人民制定宪法法律，党领导人民实施宪法法律，党自身必须在宪法法律范围内活动，这就是党的领导力量的体现。全党在宪法法律范围内活动，这是我们党的高度自觉，也是坚持党的领导的具体体现，党和法、党的领导和依法治国是高度统一的。因此，不存在"党大还是法大"的问题。

但也要清楚，说不存在"党大还是法大"的问题，是把党作为一个执政整体而言的，是针对党的执政地位和领导地位而言，若具体到每个党政组织、每个领导干部，就必须服从和遵守宪法法律，不能把党的领导作为个人以言代法、以权压法、徇私枉法的挡箭牌。习近平总书记指出："如果说'党大还是法大'是一个伪命题，那么对各级党政组织、各级领导干部来说，权大还是法大则是一个真命题。纵观人类政治文明史，权力是一把双刃剑，在法治轨道上行使可以造福人民，在法律之外行使则必然祸害国家和人民。"② 权力与法律相比，宪法法律至上、法律高于权力。无论什么人、无论哪一级组织，再大的权力，也要遵守宪法和法律，都必须在宪法和法律的范围内活动，一切违反宪法和法律的行为都要受到追究。

三、完善有中国特色的社会主义法治体系

推进全面依法治国，要坚持法治国家、法治政府、法治社会一体建设，其中法治政府建设是法治国家建设的主体工程和重点任务，对法治社会建设具有重要引领和带动作用。行政决策是行政权力运行的起点。行政机关能否做到依法决策，直接体现着其依法行政水平高低，直接关系到法

---

① 中共中央文献研究室编：《习近平关于社会主义政治建设论述摘编》，中央文献出版社2017 年版，第 86 页。

② 中共中央文献研究室编：《习近平关于社会主义政治建设论述摘编》，中央文献出版社2017 年版，第 100 页。

治政府建设是否顺利。各级人民政府要把从决策、执行到监督的整个过程都纳入法治化轨道，更好推进法治政府建设。

（一）加快健全依法决策机制

健全依法决策机制是深入推进依法行政、加快建设法治政府的重要方面。要把公众参与、专家论证、风险评估、合法性审查、集体讨论决定确定为重大行政决策法定程序，确保决策科学、程序正当、过程公开、责任明确。要建立行政机关内部重大决策合法性审查机制，未经合法性审查或经审查不合法的，不得提交讨论。要建立重大决策终身责任追究制度及责任倒查机制，对决策严重失误或者依法应该及时作出决策但久拖不决造成重大损失、恶劣影响的，严格追究领导人员和相关责任人员的法律责任。

（二）加快形成清晰的权力运行机制

决策、执行、监督是权力结构"三位一体"的组成部分，也是权力运行机制相辅相成的重要环节。在权力运行体系中，决策是核心，执行是关键，监督是保障。党的十九大提出，要构建决策科学、执行坚决、监督有力的权力运行机制。

1. 坚持科学决策

在科学理论指导下，采取科学方法、按照科学程序、运用科学手段对复杂现象进行系统全面的考察分析、综合研究，在此基础上选出优化方案。为此，要尊重决策规律，在信息系统、咨询系统、决断系统和反馈系统等组成的决策体系中，以决断子系统为核心，以信息、参谋、咨询、监控、反馈等子系统为支撑，建立一整套完善的决策系统。还要不断提高决策者和参与者的素质和能力，提高决策的科学化水平。

2. 加强制度执行

制度执行力、治理能力已经成为影响我国社会主义制度优势充分发挥、党和国家事业顺利发展的重要因素。要以执行能力建设为总体目标，优化决策执行系统建设，完善激励约束机制，强化干部的执行意愿，在激励方面要体现绩效导向；重视问责，由重视过错问责转向重视无为问责，由以对个人问责为主转向以对单位问责为主。

3. 完善权力监督

习近平总书记指出："让人民监督权力，让权力在阳光下运行，是把权力关进制度笼子的根本之策。"① 要构建党统一指挥、全面覆盖、权威高效的监督体系，把党内监督同国家机关监督、民主监督、司法监督、群众监督、舆论监督贯通起来，增强监督合力。

四、领导干部要提高法治思维

所谓法治思维，就是以法治作为判断、处理和分析问题的标准，本质上区别于人治思维和权力思维。党的十八届四中全会提出，"提高党员干部法治思维和依法办事能力"②，把法治建设成效作为衡量各级领导班子和领导干部工作实绩的重要内容，纳入政绩考核指标体系。把能不能遵守法律、依法办事作为考察干部的重要内容。要重视提拔和使用依法行政意识强、善于用法治方式解决问题的优秀干部，形成正向的激励引导机制，培养和提高领导干部的法治思维和法治能力。

（一）树立法治思维

个别领导干部特别是主要领导干部仍然存在人治思想和长官意识，认为依法办事条条框框多、束缚手脚，凡事都要自己说了算，忽视甚至漠视法律的存在。这种现象不改变，依法治国就难以真正落实。习近平总书记指出："应该把尊法放在第一位，因为领导干部增强法治意识、提高法治素养，首先要解决好尊法问题。只有内心尊崇法治，才能行为遵守法律。只有铭刻在人们心中的法治，才是真正牢不可破的法治。"③

（二）提高法治能力

领导干部要牢固树立宪法法律至上、法律面前人人平等、权由法定、权依法使等基本法治观念，彻底摒弃人治思想和长官意识，对宪法和法律保持敬畏之心，牢固确立法律红线不能触碰、法律底线不能逾越的观念，

---

① 中共中央文献研究室编：《十八大以来重要文献选编》（上），中央文献出版社 2014 年版，第 531 页。

② 中共中央文献研究室编：《习近平关于全面依法治国论述摘编》，中央文献出版社 2015 年版，第 118 页。

③ 中共中央文献研究室编：《习近平关于全面依法治国论述摘编》，中央文献出版社 2015 年版，第 121 页。

带头遵守法律、执行法律，带头营造办事依法、遇事找法、解决问题用法、化解矛盾靠法的法治环境。谋划工作要运用法治思维，处理问题要运用法治方式，说话做事要先考虑下是不是合法。领导干部要把对法治的尊崇、对法律的敬畏转化成思维方式和行为方式，不要去行使依法不该由自己行使的权力，也不要去干预依法自己不能干预的事情，做到在法治之下、而不是法治之外、更不是法治之上想问题、作决策、办事情。把握不准的就要去查一查党纪国法是怎样规定的，还可请法律专家、法律顾问帮助把关。只有领导干部带头遵守法律，才能引领群众遵守法律。

【拓展阅读】

全面依法治国实践取得重大进展

一、科学立法、民主立法、依法立法不断推进

通过数据安全法、海南自由贸易港法、军人地位和权益保障法、新修订的军事设施保护法、关于修改安全生产法的决定、印花税法、反外国制裁法……2021年6月10日，十三届全国人大常委会第二十九次会议闭幕，会议通过的法律为维护国家和人民利益提供法治支撑。

近年来，为适应国际形势深刻复杂变化、党和国家事业快速发展的需要，立法工作进入加快发展的新阶段，呈现覆盖广、数量多、节奏快、要求高的新特点。

设立国家宪法日，建立宪法宣誓制度，实施宪法规定的特赦制度、国家勋章和国家荣誉称号制度、法律解释制度……保证宪法实施的法律制度不断健全。

制定外商投资法，编纂民法典，修改环境保护法，修改食品安全法……法律立改废释工作聚焦重要领域有序开展。

通过优化营商环境条例，市场主体登记管理条例……法治化营商环境有了行政法规的呵护。

适时有效地为疫情防控保驾护航，根据地方社会经济发展特点立法树规，针对群众身边小事"定规矩""填空白"……一批"小快灵"的地方立法率先破题。

2020 年，围绕野生动物保护、土壤污染防治、慈善事业健康发展、公共文化服务保障等问题，全国人大常委会开展相关法律执法检查，促进民生社会事业发展，增进人民福祉。与此同时，围绕疫情防控、民法典实施等五个方面，全国人大常委会开展专项审查和集中清理，发现需要修改或废止的规范性文件 3372 件，以扎实有效的备案审查工作，为维护宪法法律权威和尊严，促进国家法治统一发挥了重要作用。

二、法治政府建设步履坚实

窗口警情自动录入，未成年人案件"一站式"取证、办案全流程记录……近年来，公安部门出台实施多项具体措施，依法履行法定职责，维护人民群众利益，执法规范化建设按下"快进键"。

在陕西省西安市莲湖区，当地梳理推出了"自然人、法人全生命周期树"，即：以生命树的形式梳理自然人从出生到身故 4 个阶段 36 个主题、59 个事件、200 个事项，梳理法人从设立到注销 3 个阶段 26 个主题、68 个事件、489 个事项，对每个事项的办理地点以及所需材料等信息通过逻辑匹配、资源整合，实现办事流程"再简化"。

近年来，"放管服"改革不断深化，各类行政审批大幅压缩，中央层面核准的企业投资项目压减 90%，非行政许可审批退出历史舞台，市场准入负面清单管理制度全面实施。

市场主体和人民群众切身体会到"放管服"改革带来的便利和实惠。改善营商环境、"筑巢引凤"，已经成为地区之间竞相推动高质量发展的自觉行动。

深入 32 个市州、68 个县区，走访、暗访各类一线执法服务部门、企业 419 家；与领导干部、执法办案人员谈话 589 人次，访谈律师、民营企业家、群众 1073 人次……2020 年 11 月，中央依法治国办会同 24 个部门组成督察组分赴 8 省份开展第四次法治督察，对有关地方的法治建设情况进行了一次全面"体检"。下沉一线、真督实察；以督促改、以督抓落实。2018 年中央依法治国办成立以来，以法治督察为有力抓手，有力推动了各地方各部门不断加快法治建设的步伐。

三、努力让人民群众切实感受到公平正义

过去一年，司法机关依法快审快结涉疫犯罪案件 5474 件，帮扶 3.6 万家企业复工复产……从严惩各类犯罪到服务高质量发展，司法机关通过

办理一个个案件，维护社会秩序、守护万家安宁，让人民群众切实感受到看得见、摸得着的公平正义。

"这些年来，人民群众的权利和安全越来越有保障，离不开司法机关的努力。"全国人大代表、湖南麻阳苗族自治县谭家寨乡楠木桥村党总支书记谭泽勇说。

面对新形势，司法机关勇于创新、积极作为，努力实现有效惩治犯罪、强化人权司法保障、提升诉讼效率、化解社会矛盾。检察机关深入落实认罪认罚从宽制度，全面贯彻宽严相济刑事政策，坚持惩罚犯罪与保障人权相统一，细化审理程序，保障诉讼权利。全国法院推进诉讼服务中心一站式服务，2020年受理诉讼案件数量出现2004年以来的首次下降。特别是受理的民事案件以年均10%的速度增长15年后首次下降。

四、全社会法治意识明显提升

近日，全国人大常委会审议通过关于开展第八个五年法治宣传教育的决议。"全民普法和守法是全面依法治国的长期基础性工作，我国普法工作开展30多年来，在提高全民法律知识和法律意识、培育全社会法治观念和法治精神方面发挥了重要作用。"全国人大监察和司法委员会委员鲜铁可说。

随着法治社会建设的深入推进，越来越多的人享受到高效便捷的公共法律服务。为打通贫困地区公共法律服务"最后一公里"，许多地方充分发挥律师参与基层治理的作用。目前，全国有近20万名律师和基层法律服务工作者担任村居法律顾问，为当地群众提供及时有效的法律服务。公共法律服务网络平台、热线平台全面建成并不断完善，省市县乡四级公共法律服务实体平台达4.1万余个。

2020年，一项全国性的调查分析报告显示：当自己或家人遇到不公平的事情时，选择"通过法律渠道解决"的居第一位，比2016年提升3.7个百分点；选择"托关系、找熟人"的比例明显下降。这表明全面依法治国迈出坚实步伐，人们的法治观念、法律意识不断提高，"遇事讲法、遇事找法"逐步成为社会普遍共识。

数据来源：全国人大常委会办公厅、最高人民法院、最高人民检察院、国家统计局。

（资料来源：徐隽、魏哲哲、徐慧等《全面依法治国实践取得重大进展》，载《人民日报》2021年7月5日第10版。）

第四节　人民民主是一种全过程的民主

人民民主是社会主义的内在属性和根本要求，是推动中国特色社会主义伟大事业发展的生命线。习近平总书记在庆祝中国共产党成立 100 周年大会上强调，要"发展全过程人民民主"①。全过程人民民主是中国共产党领导团结中国人民在民主政治道路上成功探索的实践总结，是中国特色社会主义民主政治的重要理论成果，彰显了中国民主政治在新时代的新发展、新突破，是人类民主政治文明的中国智慧。历史证明，人民民主是适合中国人民和中国发展实际的民主，全过程人民民主是能够最广泛维护人民根本利益的民主。

一、全过程民主彰显人民民主的本质

2019 年 11 月，习近平总书记在上海市长宁区虹桥街道考察全国人大常委会法工委基层立法联系点时深刻指出："我们走的是一条中国特色社会主义政治发展道路，人民民主是一种全过程的民主。"② 2021 年 7 月 1 日，习近平总书记在庆祝中国共产党成立 100 周年大会上论述"人民至上"时再次强调"发展全过程人民民主"。③ 全过程人民民主是习近平总书记着眼"两个大局"对中国特色社会主义民主的高度概括。

（一）全过程民主是对西方式民主的超越

实现中华民族伟大复兴是中国共产党百年奋斗一以贯之的主题。100年来，我们取得新民主主义革命、社会主义革命和建设、改革开放和社会

---

① 习近平：《在庆祝中国共产党成立 100 周年大会上的讲话》，载《人民日报》2021 年 7 月 2 日第 2 版。

② 杨维汉、罗沙、陈菲等：《为中华民族伟大复兴筑牢民主基石》，载《人民日报》2021 年 10 月 13 日第 1 版。

③ 习近平：《在庆祝中国共产党成立 100 周年大会上的讲话》，载《人民日报》2021 年 7 月 2 日第 2 版。

主义现代化建设、新时代中国特色社会主义的伟大成就，这些伟大成就推动中华民族迎来了从站起来富起来到强起来的伟大飞跃。我们历史性地解决了"挨打""挨饿"问题，今天要突出地解决"挨骂"问题。今天我们比历史上任何时期都更接近实现中华民族伟大复兴的目标，然而中华民族伟大复兴绝不是轻轻松松、敲锣打鼓就能实现的。甚至可以说，越是到了中华民族伟大复兴的登顶之际，越是阻力大、"骂声大"。当今以美国为首的一些西方国家企图全面围堵中国，中国似乎处于全方位"挨骂"阶段，骂我们的经济、骂我们的文化，尤其是骂我们的政治。美国等西方国家长期以来以"民主国家"自居，以民主的"教师爷"对其他国家说三道四，还试图搞所谓的"民主联盟""民主经济体"对中国实行围攻。因此，要回击西方的挑衅，不仅要对西方民主祛魅，还要揭露西方民主的虚伪本质。不可否认，西方资本主义民主比之中世纪的专制是一大进步，西方民主实践中也凝聚了人民奋斗的精华。但是要看到，针对资本主义民主，马克思主义经典作家早就进行了无情的揭露和批判。列宁尖锐地指出："资产阶级民主同中世纪制度比较起来，在历史上是一大进步，但它始终是而且在资本主义制度下，不能不是狭隘的、残缺不全的、虚伪的、骗人的民主，对富人是天堂，对被剥削者、对穷人是陷阱和骗局。"① 当今西方国家的种种政治表演，尤其是近年美国总统选举和施政的闹剧，将西方民主的缺陷暴露无遗。西方强行推销的民主，对许多发展中国家也造成破坏和混乱。西方民主缺陷很多，其中一个重要的方面就是选举时似乎轰轰烈烈，两次选举之间冷冷清清，选举结束后人民无法有效行使民主权利。西方的"间断性民主"和"熔断式民主"是西方民主的重大缺陷。我们提出全过程民主，直指西方民主的本质缺陷，凸显中国民主的制度优势，为人类探究民主发展提供新的方案。

（二）全过程民主是发展社会主义民主的要求

习近平总书记指出："中国特色社会主义是党和人民历经千辛万苦、付出巨大代价取得的根本成就，是实现中华民族伟大复兴的正确道路。我们坚持和发展中国特色社会主义，推动物质文明、政治文明、精神文明、社会文明、生态文明协调发展，创造了中国式现代化新道路，创造了人类

---

① 中共中央马克思恩格斯列宁斯大林著作编译局编：《列宁选集》（第三卷），人民出版社2012年版，第601页。

文明新形态。"① 旨在创造人类文明新形态的社会主义，是对资本主义的全面超越，包括在政治文明上的超越。人民民主是社会主义的生命，社会主义不仅比资本主义更快地发展生产力，也实行更高更真实的民主。马克思主义不仅承认国家权力来自人民，而且主张人民是国家的主人，他在《法兰西内战》中就探索人民通过议行合一制的方式全面有效地行使政治权力。我国是工人阶级领导的、以工农联盟为基础的人民民主专政的社会主义国家，国家一切权力属于人民。我国社会主义民主是维护人民根本利益的最广泛、最真实、最管用的民主。发展社会主义民主政治就是要体现人民意志、保障人民权益、激发人民创造活力，用制度体系保证人民当家作主。社会主义民主不仅需要完整的制度程序，而且需要完整的参与实践。保证和支持人民当家作主，通过依法选举、让人民的代表来参与国家生活和社会生活的管理是十分重要的，通过选举以外的制度和方式让人民参与国家生活和社会生活的管理也是十分重要的。人民只有投票的权利而没有广泛参与的权利，人民只有在投票时被唤醒、投票后就进入休眠期，这样的民主是形式主义民主。中国共产党人把民主作为崇高价值、基本制度、优良作风，全过程落实到社会实践之中。习近平总书记提出的"人民民主是一种全过程的民主"②，在理论上承接了马克思主义关于民主的基本观点，在实践上总结了中国共产党百年的历史经验，在目标上契合建设社会主义现代化强国关于民主的追求。

全过程人民民主代表全体中国人民的根本利益，是人民具体地实现自身利益的重要政治保障。

二、进一步发展全过程民主

发展全过程民主要深刻把握社会主义民主的真谛。习近平总书记在庆祝中国共产党成立 100 周年大会上的重要讲话中对党和人民的关系有深刻的论述。江山就是人民、人民就是江山，打江山守江山，守的是人民的心。中国共产党根基在人民、血脉在人民、力量在人民。中国共产党始终

---

① 习近平：《在庆祝中国共产党成立 100 周年大会上的讲话》，载《人民日报》2021 年 7 月 2 日第 2 版。

② 人民日报评论部：《紧紧依靠人民推动国家发展（人民观点）——让我们的制度更加成熟更加定型》，载《人民日报》2019 年 11 月 11 日第 9 版。

代表最广大人民的根本利益，与人民休戚与共、生死相依，没有任何自己特殊的利益，从来不代表任何利益集团、任何权势团体、任何特权阶层的利益。因此，新的征程上，我们必须紧紧依靠人民创造历史，坚持全心全意为人民服务的根本宗旨，站稳人民立场，贯彻党的群众路线，尊重人民首创精神，践行以人民为中心的发展思想，发展全过程人民民主，维护社会公平正义，着力解决发展不平衡不充分问题和人民群众急难愁盼问题，推动人的全面发展、全体人民共同富裕取得更为明显的实质性进展。

新中国第一部以法典命名的法律《中华人民共和国民法典》，其立法的全过程贯彻了人民民主，尊重和激发了人民群众的主人翁精神。

（一）发展全过程民主要致力于制度创新

制度建设带有根本性、全局性、稳定性和长期性。党的十九大报告明确强调要推进社会主义民主政治制度化、规范化和程序化。党的十九届四中全会提出坚持和完善中国特色社会主义制度、推进国家治理体系和治理能力现代化，对全过程民主等进行了制度设计，诸如坚持和完善人民当家作主制度体系，发展社会主义民主政治。

进行全过程民主制度设计，必须坚持人民主体地位，坚定不移走中国特色社会主义政治发展道路，健全民主制度，丰富民主形式，拓宽民主渠道，依法实行民主选举、民主协商、民主决策、民主管理、民主监督，使各方面制度和国家治理更好地体现人民意志、保障人民权益、激发人民创造，确保人民依法通过各种途径和形式管理国家事务，管理经济文化事业，管理社会事务。主要包括：坚持和完善人民代表大会制度这一根本政治制度，坚持和完善中国共产党领导的多党合作和政治协商制度，巩固和发展最广泛的爱国统一战线，坚持和完善民族区域自治制度，健全充满活力的基层群众自治制度，等等。还要健全为人民执政、靠人民执政各项制度：坚持立党为公、执政为民，保持党同人民群众的血肉联系，把尊重民意、汇集民智、凝聚民力、改善民生贯穿党治国理政全部工作之中，巩固党执政的阶级基础，厚植党执政的群众基础，通过完善制度保证人民在国家治理中的主体地位，着力防范脱离群众的危险；贯彻党的群众路线，完善党员、干部联系群众制度，创新互联网时代群众工作机制，始终做到为了群众、相信群众、依靠群众、引领群众，深入群众、深入基层；健全联系广泛、服务群众的群团工作体系，推动人民团体增强政治性、先进性、群众性，把各自联系的群众紧紧团结在党的周围。上述制度内涵丰富的全过程民主内容，是进一步发展全过程民主的指针。2021年3月11日十三届全国人大五次会议表决通过的《中华人民共和国地方各级人民代表大会和地方各级人民政府组织法（修正案)》与《中华人民共和国全国人民代表大会议事规则（修正草案)》中，"全过程民主"被明确写入"一法一规则"。

（二）发展全过程民主要致力于技术创新

科学技术是革命的、进步的力量。当代信息技术的发展，为民主发展提供了广阔的前景。信息技术与全民、全过程、全时段具有内在的契合性。在中国全民触网的大形势下，在民主决策、政务公开的大形势下，信息技术在全过程民主中将发挥不可估量的作用。近年来，从网络民意直通中南海、走网上群众路线，到部门地方积极开发和利用数字技术搭建公众号、小程序、网站等参与平台，人民民主的实践渠道更通畅、更便利，制度和技术相交融，全过程民主孕育着新的大突破。

三、党的领导是全过程人民民主的根本政治保证

全过程人民民主是中国共产党领导并团结全体中国人民在探索民主政治之路上的理论创新与实践创新，继续坚持、发展和完善全过程人民民主必须坚持中国共产党的坚强领导。习近平总书记在中国共产党与世界政党领导人峰会上的主旨讲话中指出："民主同样是各国人民的权利，而不是少数国家的专利。实现民主有多种方式，不可能千篇一律。一个国家民主不民主，要由这个国家的人民来评判，而不能由少数人说了算！"[①]

全过程人民民主的本质是"中国共产党领导的人民当家作主"，全过程人民民主的良性发展离不开中国共产党的领导。中国共产党的领导是中国特色社会主义的本质特征，是中国特色社会主义制度的最大优势。这种特征和优势体现在方方面面，其中一个很重要的方面就是，整个全过程人民民主都是由中国共产党进行顶层设计，党中央是全过程人民民主的领导力量和总体统筹者，党的地方组织特别是基层组织是全过程人民民主的主

---

① 习近平：《加强政党合作 共谋人民幸福——在中国共产党与世界政党领导人峰会上的主旨讲话》，人民出版社2021年版，第6页。

要实践者，基层党组织的战斗堡垒作用和广大党员的先锋模范作用的发挥，是全过程人民民主有序健康发展的重要体现和坚强保证。在推进全过程人民民主中，逐渐形成了一种以党内民主带动人民民主的民主发展战略，这种以党内带动党外的推进战略，主要源自中国共产党是领导党、是先锋队组织。正是基于党的先进性建设的政治要求，通过全过程党内民主带动全过程人民民主，将民主的理念、价值贯穿在党和国家政治建设与各方面系统治理的各领域各环节，既确保民主发展的正确政治方向，也不断提升民主的质量和民众的获得感、满意度。

 思考题

1. 如何实现党的领导、人民当家作主、依法治国有机统一？
2. 新时代如何坚持党的全面领导制度，改进党的领导方式？
3. 如何理解人民民主是一种全过程的民主？

第二章 制度体系保障人民当家作主

人民代表大会制度是中国政体，是中国特色社会主义制度的重要组成部分，是支撑中国国家治理体系和治理能力的根本政治制度。党的十九大指出，人民代表大会制度是坚持党的领导、人民当家作主、依法治国有机统一的根本政治制度安排。发展社会主义民主政治，加强人民当家作主制度保障，根本途径就是要长期坚持、不断完善人民代表大会制度。

——《发展社会主义民主政治》，第 53 页

第一节 人民代表大会制度是我国的根本政治制度

人民代表大会制度是我们党将马克思主义基本原理同中国具体实际相结合进行的伟大创造。人民代表大会制度集中体现了国家政权的根本性质和国家活动的根本原则，是我国的根本政治制度。中国特色社会主义进入新时代，既要毫不动摇坚持人民代表大会制度，也要与时俱进完善人民代表大会制度。

一、人民代表大会制度是人类政治制度史上的伟大创造

习近平总书记指出："在中国实行人民代表大会制度，是中国人民在

人类政治制度史上的伟大创造，是深刻总结近代中国政治生活惨痛教训得出的基本结论，是中国社会 100 多年激越变革、激荡发展的历史结果，是中国人民翻身作主掌握自己命运的必然选择。"① 第一次鸦片战争后，中国逐渐沦为半殖民地半封建社会，面临空前严重的民族危机。结束封建专制统治，建立新的政治制度，成为中国人民救亡图存的必然探索。各种仿效西方政治制度的政治形式轮番上演，如君主立宪制、议会制、多党制、总统制等，但都没能改变国家一盘散沙、人民苦难深重的局面。各种版本的宪法文件先后推出，《钦定宪法大纲》（1908 年）、《宪法重大信条十九条》（1911 年）、《中华民国临时约法》（1912 年）、《中华民国宪法草案》（1913 年，又称"天坛宪草"）、《中华民国约法》（1914 年，又称"袁记约法"）、《中华民国宪法》（1923 年，又称"贿选宪法"）、《中华民国训政时期约法》（1931 年）、《中华民国宪法草案》（1936 年，又称"五五宪草"）、《中华民国宪法》（1946 年）等，也均先后宣告破产。

中国共产党从成立之日起就以实现人民当家作主为己任，从第一次国内革命战争时期的罢工工人代表大会、农民协会，到第二次国内革命战争时期的工农兵代表苏维埃，到抗日战争时期的参议会，到解放战争后期和中华人民共和国成立初期各地普遍召开的各级各界人民代表会议，都是党建立新型人民政权的积极探索。长期实践探索和理论思考的成果就是实行人民代表大会制度。早在 1940 年毛泽东同志就提出："中国现在可以采取全国人民代表大会、省人民代表大会、县人民代表大会、区人民代表大会直到乡人民代表大会的系统，并由各级代表大会选举政府。"② 新中国的诞生，为中国人民把实行人民代表大会制度的构想付诸实践，奠定了前提、创造了条件。1949 年 9 月，中国人民政治协商会议第一届全体会议召开，代行全国人民代表大会职权，会议通过的具有临时宪法地位的《中国人民政治协商会议共同纲领》宣告，新中国政权制度是基于民主集中制的人民代表大会制度。1953 年，我国进行了历史上第一次空前规模的普选，全国自下而上逐级召开了人民代表大会。1954 年，第一届全国人民代表大会第一次会议在北京举行。会议通过了《中华人民共和国宪法》及有关国家机构的基本法律，对人民代表大会制度的基本原则和内容作出比较系

---

① 习近平：《在庆祝全国人民代表大会成立 60 周年大会上的讲话》，人民出版社 2014 年版，第 4 - 5 页。

② 中共中央文献研究室、中国延安干部学院编：《延安时期党的重要领导人著作选编》（上），中央文献出版社 2014 年版，第 121 页。

统的规定，同时产生了国家机构及其组成人员。这标志着人民代表大会制度作为中国的根本政治制度从中央到地方全面正式确立，实现了中国政治制度的一次伟大变革，为人民当家作主提供了全新的制度保障。

二、人民代表大会制度是坚持党的领导、人民当家作主、依法治国有机统一的根本政治制度安排

人民代表大会制度从国家制度上对党总揽全局、协调各方的领导核心作用，人民当家作主的根本性质，依法治国的基本方式作出总体安排和顶层设计，为实现三者有机统一提供了根本制度载体、创造了重要运行条件。

（一）人民代表大会制度是党对国家和社会事务实施领导的根本政治制度

党依宪执政，必须通过宪法确立的人民代表大会制度来领导人民治理国家。党领导人民选举产生各级人民代表大会，并向人大及其常委会推荐国家政权机关领导人员人选，选举和决定任命国家机构组成人员。党在充分发扬民主的基础上，通过向人大及其常委会提出立法建议、重大政策举措等，通过法定程序使党的主张成为国家意志。党通过国家政权机关中的党组织和党员领导干部来保证党的理论、路线、方针、政策和决策部署在国家工作中得到全面贯彻和有效执行。

（二）人民代表大会制度是人民当家作主的重要途径和最高实现形式

人民代表大会制度就是通过普遍的民主选举，产生各级人大代表，组成各级人民代表大会，代表人民行使国家权力，对人民负责、受人民监督，保证人民依法通过各种途径和形式管理国家事务和社会事务、管理经济文化事业，保障人民享有宪法和法律规定的广泛民主权利和自由。

（三）人民代表大会制度为依法治国提供有效可靠的国家制度依托

全国人大及其常委会、国务院、有立法权的地方人大及其常委会等依

法行使立法权，完善中国特色社会主义法律体系，保证国家和社会生活的各个方面有法可依。各级人大及其常委会开展监督工作，使各级国家行政机关依法行政，各级监察委员会依法监察各级审判机关、检察机关公正司法，保证宪法法律等得到全面正确有效实施，实现国家各项工作法治化。

人民代表大会制度与西方代议制民主相比较，具有鲜明中国特色。从中国国情和实际出发，不搞"三权分立""多党轮流执政""两院制"，不搞西方所谓的"宪政民主"，而是通过人民代表大会制度把党的领导、人民当家作主、依法治国三者有机统一起来，体现中国社会主义国家政权性质的基本定位，有效避免党派之间相互倾轧、三权之间相互掣肘的弊端，有效保证各国家机关在党的领导下协调运转，国家统一高效组织推进各项事业、集中力量办大事。70多年来，党和国家通过人民代表大会制度，团结和动员全体人民以国家主人翁的地位投身社会主义革命、建设和改革，广泛调动、充分发挥人民群众积极性、主动性和创造性；有效调节各国家机关之间、中央和地方之间、各民族之间的关系，实现国家机关和领导层有序更替，形成安定团结的政治局面；连续制定和实施14个国民经济和社会发展五年计划、规划，改革开放和社会主义现代化建设取得了举世瞩目的成就。习近平总书记指出："人民代表大会制度是符合中国国情和实际、体现社会主义国家性质、保证人民当家作主、保障实现中华民族伟大复兴的好制度。"[①]

三、坚持和完善人民代表大会制度

坚定制度自信并不是说我国的政治制度已经完美无缺。当前我国的民主政治建设同扩大人民民主和经济社会发展的要求还不完全适应，社会主义民主政治的体制、机制、程序、规范以及具体运行上还存在不完善的地方，在保障人民民主权利、发挥人民创造精神方面也还存在一些不足，必须继续加以完善。中国特色社会主义进入新时代，人民代表大会制度也要适应我国社会主要矛盾的变化实现创新发展。要把坚定制度自信和不断改革创新统一起来，毫不动摇坚持、与时俱进完善人民代表大会制度。

---

① 中共中央文献研究室编：《十八大以来重要文献选编》（中），中央文献出版社2016年版，第51页。

（一）坚定人民代表大会制度自信

中国特色社会主义政治发展道路是实现中华民族伟大复兴的必由之路，人民代表大会制度是保证人民把国家和民族命运牢牢掌握在自己手中的根本政治制度。推进国家治理体系和治理能力现代化，绝不是西方化、资本主义化。要坚持从国情出发、从实际出发，既要把握长期形成的历史传承，又要把握走过的发展道路、积累的政治经验、形成的政治原则，还要把握现实要求、着眼解决现实问题，不能割断历史，不能想象突然就搬来一座政治制度上的"飞来峰"。要增强政治定力，在政治制度模式上"咬定青山不放松"，坚定坚持人民代表大会制度的政治自信。

（二）不断推进人民代表大会制度理论和实践创新

推进人民代表大会制度理论和实践创新，首先，要把习近平新时代中国特色社会主义思想作为坚持和完善人民代表大会制度的科学指引和行动指南，全面贯彻落实党的基本理论、基本路线、基本方略，按照总结、继承、完善、提高的原则加强人民代表大会制度理论研究，总结人民代表大会制度的发展经验，把握人民代表大会制度的特点和人大工作的规律，增强人大工作的思想性、原则性、系统性、前瞻性。其次，要面向实际、面向实践自觉增强问题意识，针对人民代表大会制度、人大工作发展完善中迫切需要回答的重大理论和实践问题，深入调查研究，加强理论分析，作出正确回答，在正确轨道上不断推进人民代表大会制度理论和实践创新。

（三）丰富和拓展人大工作的实践特色和时代特色

丰富和拓展人大工作的实践特色和时代特色，一是坚持立法先行，立改废释并举，完善以宪法为核心的中国特色社会主义法律体系；立法主动适应改革发展需要，在法治下推进改革、在改革中完善法治；牢牢抓住提高立法质量这个关键，深入推进科学立法、民主立法、依法立法，以良法促进发展、保障善治。二是把保证宪法法律正确有效实施作为全面推进依法治国的重要抓手，加强宪法实施和监督，切实维护宪法权威；依法加强对政府"一委两院"工作的监督，推进依法行政、依法监察、公正司法；依法积极探索和改进人大监督方式，增强监督实效。三是健全人大代表工作各项制度，支持和保证人大代表依法履职，密切各级国家机关同人大代表、人大代表同人民群众的联系，加强人大代表履职管理监督，更好发挥人大代表作用。

第二节 支持和保证人民通过人民代表大会行使国家权力

坚持国家一切权力属于人民的宪法理念，要坚持和完善人民代表大会制度，切实保证人民依法实行民主选举，坚持按照民主集中制原则组织国家政权和开展活动，健全人大及其常委会的组织制度和工作制度，支持人大及其常委会依法履行职能，使人民当家作主具体地、现实地体现到党和国家机关工作的全过程、各方面。

一、切实保证人民依法实行民主选举

民主选举是人民代表大会制度的基础。选举权和被选举权是人民行使国家权力的基本权利和主要标志。人大代表选举，对发展社会主义民主、保障人民当家作主，加强国家政权机关建设、坚持和完善人民代表大会制度，巩固党的领导地位、增强党的执政能力具有重要意义。

（一）直接选举和间接选举相结合的人大代表选举制度

我国共有五级人大代表，人大代表选举实行直接选举和间接选举相结合。县乡两级人大代表由选民直接选举。全国人大代表，省级、设区的市级人大代表，由下一级人民代表大会选举。从 1979 年到 2017 年，我国先后进行了 11 次乡级人大代表直接选举，10 次县级人大代表直接选举；8 次设区的市、自治州以上人大代表间接选举。[①] 2016 年开始的上一轮换届选举，共产生各级人大代表 262 万多名。其中，县乡两级人大代表 247

---

① 《改革开放 40 年来我国民主政治立法的主要成就和基本经验》，见中国人大网（http://www.npc.gov.cn/npc/wgggkf40nlfcjgs/202108/b5015fb552bc4a42acf816fd46067000.shtml）。

万多名，省级、设区的市级人大代表 14 万多名①，十三届全国人大代表 2980 名②。

（二）人大代表选举的普遍性、代表性和平等性

1. 普遍性

人大代表选举具有普遍性，除依法被剥夺政治权利的人外，凡年满 18 周岁的中国公民，不分民族、种族、性别、职业、家庭出身、宗教信仰、教育程度、财产状况和居住期限，都有选举权和被选举权。

2. 代表性

人大代表具有广泛的代表性，兼顾国家政治生活各个方面，确保各方面利益和意志都能得到公正体现。因此，在代表名额分配上，遵循使各民族、各地区、各方面都有适当数量代表的原则；同时照顾少数和特殊，对妇女、归侨、解放军代表名额等作特别要求。为解决官员代表多、基层一线代表少的问题，2010 年修改选举法时，还增加要求各级人大代表中应当有适当数量基层代表，特别是工人、农民和知识分子代表。

3. 平等性

人大代表选举的平等性，主要体现在人人平等、地区平等、民族平等上，实行城乡按相同人口比例选举代表；各行政区域不论人口多少，都应有相同基本名额数，都能选举一定数量代表；保障各民族都有适当数量代表，人口再少的民族也要有代表。此外，还有投票权的平等，一人一票、每票同权；被提名权的平等，选民或代表依法联名提出的代表候选人，与各政党、人民团体联合或单独推荐的代表候选人，具有同等法律地位。

与西方议员选举相比，我国人大代表选举更好地实现了实质民主和形式民主的高度统一。比如，我国 1953 年《选举法》就一步到位地规定了选举的普遍性原则，而西方一些国家则在长达数百年里对选民资格作出财产资格、居住期限、种族甚至性别等方面限制，这些限制在今天仍然存在。又如，我国各级人民代表大会的选举经费由国库开支，从物质方面保证了选举人和候选人能够在实际上享受自由选举权利，而美国等许多西方国家的选举经费主要来自个人企业的捐款，易于"被金钱绑架"。美国参

---

① 参见《张业遂：中国县乡两级人大代表共有 247.8 万名》，见人民政协网（http://www.rmzxb.com.cn/c/2022 - 03 - 04/3064295.shtml）。

② 《十二届全国人大常委会第三十三次会议在京举行 张德江主持》，见中国人大网（http://www.npc.gov.cn/npc/c238/201802/e098b17d0f714873b9e771fd9d695fb8.shtml）。

议员和众议员选举中当选者竞选开支普遍在百万美元以上。近年来美国最高法院还通过案件判决废除了公民和企业政治献金的上限。通过深入的国际比较分析，可以更好地理解我国人大代表选举制度具有的先进性意义。

（三）不断完善发展的人大代表选举制度

选举制度必须和国家经济社会发展水平相适应，才能保证人民切实享有和行使选举权利。我国《选举法》的实质是着眼于实际的民主。人大代表选举制度发展历程，体现了坚持从实际出发、着眼于民主实质的精神。1953 年颁布实施的《选举法》，奠定了我国选举制度基本原则和主要内容。尽管受具体条件限制，其规定并不完备，但符合当时我国实际、最便利于人民、最能充分代表人民意志。比如，当时在基层选举中多采取举手表决的方法，就是依据当时文盲还比较多的实际。之后，为适应我国经济社会发展和社会主义民主政治建设需要，人大代表选举制度也循序渐进地发展。1979 年五届全国人大二次会议修订通过现行选举法后，全国人大及其常委会又先后六次进行修改补充，实现了将直接选举人大代表的范围扩大到县一级、从等额选举发展到差额选举、实行城乡按相同人口比例选举人大代表等的重大飞跃；此外，还实现了从举手投票到无记名投票、允许选民联合提名代表候选人等变革，选举的民主性、广泛性不断增强，逐步形成了一套具有鲜明中国特色的人大代表选举制度。

多年来，我国人大代表选举制度取得了长足进步，但也还有需要完善的内容。比如，如何长期保持选民的高参选率、高投票率，如何切实保障流动选民的选举权利落实到位，如何解决选民和代表联名提名在制度设计与实际操作之间的反差，如何更好地将党管干部原则与充分发扬民主、严格依法办事有机统一起来，等等。要适应新时代中国特色社会主义民主政治建设需要，进一步健全完善有关制度和机制，更有力地保障人民行使选举权和被选举权。

【拓展阅读】

拉票贿选？严惩不贷！

一、我该怎么做

最近网友老张给"纪律君"留言，说他在基层工作多年，平时工作勤勤恳恳，想趁这次换届"更进一步"。妻子主动给他"出谋划策"："光靠平时工作努力还不够，在重要节点上，你可别死脑筋，就算不送礼，也要在各个群里发点红包，刷刷存在感。"老张很纠结，这种方法真的可行吗？

二、"纪律君"有话说

老张妻子的"提议"看似是为他着想，实则是在帮倒忙，很有可能毁了他的前程。平时和亲友之间发发电子红包无可厚非，但如果动的是拉票贿选的坏心思，那性质就完全变了。

2021年年初，中共中央纪委机关、中共中央组织部、国家监察委员会联合印发《关于严肃换届纪律加强换届风气监督的通知》，旗帜鲜明地提出"十个严禁"的纪律要求，要求各地在换届工作中认真贯彻落实。其中第二条就是严禁拉票贿选，对通过宴请、安排消费活动，快递邮寄、电子红包、网上转账等方式赠送礼品礼金，以及打电话、发信息、当面拜访、委托他人出面等形式，在民主推荐和选举中搞拉票、串联、助选等非组织活动的，一律排除出人选名单或者取消候选人资格，并视情节轻重给予党纪政务处分，贿选的依法处理。

《中国共产党纪律处分条例》第七十五条规定：在民主推荐、民主测评、组织考察和党内选举中搞拉票、助选等非组织活动的；在法律规定的投票、选举活动中违背组织原则搞非组织活动，组织、怂恿、诱使他人投票、表决的；在选举中进行其他违反党章、其他党内法规和有关章程活动的，给予警告或者严重警告处分；情节较重的，给予撤销党内职务或者留党察看处分；情节严重的，给予开除党籍处分。搞有组织的拉票贿选，或者用公款拉票贿选的，从重或者加重处分。

《中华人民共和国公职人员政务处分法》第三十二条第五款规定，以暴力、威胁、贿赂、欺骗等手段破坏选举的，予以警告、记过或者记大过；情节较重的，予以降级或者撤职；情节严重的，予以开除。

因此，老张千万不要触碰发红包、赠送礼品礼金、宴请吃喝等换届纪律的红线，相信他平时踏实的工作肯定能被组织和同事看见，否则只会搬起石头砸自己的脚。

三、相关案例

2011 年至 2012 年，河南省某监事会原主席陈某为在省委第九届委员会、第十二届全国人民代表大会换届选举中获得选票，宴请相关人员为其拉票。同时，陈某还存在其他严重违纪违法问题。2018 年 6 月，陈某被开除党籍、开除公职；2019 年 4 月，被判处有期徒刑 12 年，相关人员也受到相应的处理。

（资料来源：宁若鸿、罗文潮《拉票贿选？严惩不贷！》，载《深圳特区报》2021 年 6 月 21 日第 A03 版。）

二、坚持按照民主集中制原则组织国家政权和开展活动

民主集中制是在马克思主义政党建设过程中逐步产生、发展和完善起来的重要原则，我们党进一步将其推广运用于人民政权建设中，作为政权组织形式和活动方式的基本原则。毛泽东同志指出："新民主主义的政权组织，应该采取民主集中制，由各级人民代表大会决定大政方针，选举政府。"① 新中国成立后，民主集中制原则在我国宪法中被长期确立下来。现行宪法规定，中华人民共和国的国家机构实行民主集中制的原则。习近平总书记指出："坚持和完善人民代表大会制度，必须坚持民主集中制。民主集中制是中国国家组织形式和活动方式的基本原则。"②

---

① 《毛泽东选集》（第二卷），人民出版社 1991 年版，第 1057 页。
② 中共中央文献研究室编：《十八大以来重要文献选编》（中），中央文献出版社 2016 年版，第 55 页。

（一）国家政权结构体现民主集中制

在国家机构的产生上，全国人民代表大会和地方各级人民代表大会都由民主选举产生，对人民负责，受人民监督。行政机关、监察机关、审判机关、检察机关都由人民代表大会产生，对它负责，受它监督。在权力的行使上，人民代表大会统一行使国家权力，行政权、监察权、审判权、检察权等职权分别由政府、监察委、法院、检察院负责行使。在党的领导下，各国家机关合理分工，密切协作，高效运转，形成统一整体和工作合力，保证各项事业顺利推进。

（二）中央和地方关系践行民主集中制

中央和地方的国家机构职权的划分，遵循在中央的统一领导下，充分发挥地方的主动性、积极性的原则。各少数民族聚居的地方，在中央统一领导下，实行民族区域自治，设立自治机关。自治机关除行使宪法规定的地方国家机关的职权外，同时依照宪法和民族区域自治法以及其他法律规定的权限行使自治权。

（三）国家权力机关遵循民主集中制

人大及其常委会行使职权，按照民主集中制原则，严格依法按程序办事，集体行使职权、集体决定问题。制定和修改法律，作出决议、决定，都要经过充分的讨论并按照少数服从多数原则来进行。

三、支持和保证人大依法行使立法权、监督权、决定权、任免权

人民代表大会统一行使国家权力。全国人民代表大会是最高国家权力机关，地方各级人民代表大会是地方国家权力机关。根据宪法法律规定，人大及其常委会的职权主要包括立法权、监督权、重大事项决定权、人事任免权。这"四权"里，一方面是代表人民行使议决权，包括立法权、决定权、任免权，体现了国家权力的性质和来源；另一方面是监督权，体现了人民对国家权力的规范和制约。

人大及其常委会的组织制度和工作制度是各级人大及其常委会有效行使法定职权、充分发挥国家权力机关作用的基础。长期以来，在党的领导下，经过不断探索、发展完善，各级人大及其常委会逐步形成了成熟的组织结构和工作机制。主要进展有：一是在县级以上地方人民代表大会设立常委会。1979年通过的关于修正宪法若干规定的决议和地方组织法，明确在县级以上地方各级人民代表大会设立常委会，作为本级人民代表大会的常设机关，地方国家政权建设进一步加强。二是完善专门委员会设置。1982年宪法确立全国人民代表大会设立六个专门委员会，后又增设三个。2018年十三届全国人大一次会议决定更名并增设有关专门委员会，现全国人民代表大会共设十个专门委员会，对应我国经济、政治、社会、文化、生态文明领域等方方面面。县级以上地方各级人民代表大会也依法根据实际需要设立了有关专门委员会，有力推动和促进了相关工作。三是优化人大常委会和专门委员会组成人员结构。这是提高人大履职能力的重要方面。多年来，按照党中央的要求，人大常委会和专门委员会组成人员年龄结构和知识结构不断优化，专职委员比例进一步提高。十届、十三届全国人大常委会设了年轻专职委员，提升了全国人大常委会委员的专业化、专职化、年轻化水平。

第三节　使各级人大及其常委会成为全面担负起宪法法律赋予的各项职责的工作机关

党的二十大提出加强宪法实施和监督，健全保证宪法全面实施的制度体系，更好发挥宪法在治国理政中的重要作用，维护宪法权威。根据宪法法律规定，除立法权外，人大及其常委会的职权还包括监督权、讨论决定重大事项权等；全国人大及其常委会还承担着宪法实施和监督的神圣职责。各级人大及其常委会要依法认真行使好各项职权。

一、加强宪法实施和监督，维护宪法权威

宪法是党和人民共同意志的最高体现。维护宪法权威，就是维护党和人民共同意志的权威。捍卫宪法尊严，就是捍卫党和人民共同意志的尊

严。保证宪法实施，就是保证人民根本利益的实现。只要切实尊重和有效实施宪法，人民当家作主就有保证，党和国家事业就能顺利发展。反之，如果宪法受到漠视、削弱甚至破坏，人民权利和自由就无法保证，党和国家事业就会遭受挫折。

（一）权力运行严格遵守宪法

党的十八大以来，党中央把全面贯彻实施宪法作为建设社会主义法治国家的首要任务和基础性工作加以推进，丰富和拓展了宪法实施理念和实践。一是更加严格地按照宪法确定的原则和程序来行使国家立法权、行政权、监察权、审判权、检察权。二是全面落实宪法确立的制度和原则，以更加完备的法律推动宪法实施。近年来，全国人大常委会制定国家勋章和国家荣誉称号法、国歌法等，实施宪法规定的重要制度；修改宪法作出的系列重大制度安排，也将尽快落实到具体法律中。三是加强宪法宣传教育，弘扬宪法精神。全国人大常委会以立法形式把每年12月4日设立为国家宪法日，为推动宪法宣传教育机制常态化提供了法律保障；制定并实行宪法宣誓制度，进一步彰显宪法权威。要以这两项制度为重要抓手，营造学习宪法、实施宪法的浓厚氛围。

（二）宪法监督权力实施

宪法监督是保证宪法实施、维护宪法权威的重要制度形式。全国人大及其常委会担负着监督宪法实施的重要职责。对行政法规、地方性法规、司法解释等规范性文件开展备案审查，是全国人大常委会履行宪法监督职责的一项重要工作。党的十八届三中全会提出，健全法规、规章、规范性文件备案审查制度。党的十八届四中全会提出，完善全国人大及其常委会宪法监督制度，加强备案审查制度和能力建设，把所有规范性文件纳入备案审查范围，依法撤销和纠正违宪违法的规范性文件。全国人大常委会不断加强备案审查制度和能力建设，加快建设全国统一的备案审查信息平台，落实"有件必备、有备必审、有错必纠"的要求，不断加大监督纠正力度，取得明显成效。党的二十大提出"加强宪法实施和监督，健全保证宪法全面实施的制度体系，更好发挥宪法在治国理政中的重要作用，维护宪法权威"，对宪法监督工作提出新任务、新要求。在十三届全国人大一次会议上，全国人大"法律委员会"更名为"宪法和法律委员会"。十三届全国人大常委会第三次会议还通过了关于全国人民代表大会宪法和法律委员会职责问题的决定，明确宪法和法律委员会增加推动宪法实施、开展宪法解释、推进合宪性审查、加强宪法监督、配合宪法宣传等职责。抓紧建立健全合宪性审查机制，在党的领导下积极稳妥地推进合宪性审查工作，做好规范性文件出台后的合宪性审查，依法撤销和纠正违宪违法的规范性文件；积极开展重大决策、重要规定出台前的合宪性咨询、确认等工作，为党中央决策和重大改革提供有力的宪法支撑。

二、加强对法律实施和国家行政机关、监察机关、审判机关、检察机关工作的监督

人民代表大会制度的重要原则和制度设计的基本要求，就是任何国家机关及其工作人员的权力都要受到制约和监督。各级人大常委会也要接受同级代表大会的监督，对它负责并报告工作。人大及其常委会的监督，是在党的领导下，代表国家和人民进行的具有法律效力的监督。监督的目的，是推动党中央决策部署贯彻落实，确保宪法法律全面有效实施，确保行政权、监察权、审判权、检察权得到正确行使，确保人民利益得到维护和实现。人大监督要坚持正确监督、有效监督，加大监督力度，增强监督实效。实行正确监督，关键是始终坚持党的领导，严格按照法定职权和法定程序进行监督，既敢于监督又善于监督，正确处理监督与支持的关系，形成加强和改进工作的合力。实行有效监督，关键是紧紧围绕党和国家工作大局，强化问题导向，完善监督机制，推动解决人大代表、人民群众普遍关心的突出问题，提升人民群众获得感、幸福感和安全感。

根据宪法、各级人大常委会监督法等规定，人民代表大会的监督主要是听取审议有关国家机关工作报告，审查批准国民经济和社会发展计划与计划执行情况的报告、预算与预算执行情况的报告。由于各级人大每年通常开一次会，有关经常性监督由人大常委会来开展，主要有四种形式：一是听取审议有关国家机关专项工作报告，紧紧围绕大局，抓住关系改革发展稳定大局和群众切身利益、社会普遍关注的重点问题，对专项工作进行监督；二是审查批准决算，听取审议国民经济和社会发展计划、预算的执行情况报告，听取审议审计工作报告，审查批准计划、预算在执行中所必须作的部分调整方案，对五年发展规划情况进行中期评估；三是开展法律法规实施情况的检查，听取审议执法检查报告；四是对规范性文件进行备

案审查。其他的法定监督形式还有询问和质询、特定问题调查、撤职等。

近年来，人大监督工作机制建设取得突破性进展。一是健全执法检查工作机制，改进和完善专题询问。探索形成包括选题、组织、报告、审议、整改、反馈六个环节的执法检查"全链条"工作流程，出台改进完善专题询问的若干意见，专题询问工作实现常态化、规范化和制度化。二是创新预算决算审查监督机制。修改预算法，推动建立全面规范透明、标准科学、约束有力的预算制度；改进就审计查出的突出问题整改情况向全国人大常委会报告机制，建立国务院向全国人大常委会报告国有资产管理情况制度，完善预算审查前听取人大代表和社会各界意见建议机制，推动预算审查监督重点向支出预算和政策拓展，推进人大预算联网监督；等等。三是综合运用多种监督形式。探索将专题调研、执法检查、听取审议专项工作报告、专题询问等多种方式相结合开展监督，打出人大监督的有力"组合拳"。

三、依法行使讨论决定重大事项权

讨论决定重大事项是人大及其常委会的一项重要职权。根据宪法、地方组织法等有关法律规定，全国人大及其常委会、地方各级人大及其常委会，有权讨论决定全国和本行政区域内经济建设、政治建设、文化建设、社会建设、生态文明建设各方面的重大事项。比如，全国人民代表大会决定国家机构的设置，省、自治区和直辖市的建置，特别行政区的设立及其制度，等等；全国人大常委会在全国人民代表大会闭会期间，规定和决定授予国家的勋章和荣誉称号，决定特赦、战争状态的宣布、全国总动员或者局部动员，等等。

多年来，各级人大及其常委会在党的领导下，紧紧围绕经济社会发展和民主法治建设工作大局，就带有全局性、根本性、长远性的重大问题和人民群众普遍关心的问题，认真依法行使重大事项决定权，取得积极成效。在此基础上，党的十八届三中全会明确提出，"健全人大讨论、决定重大事项制度，各级政府重大决策出台前向本级人大报告"①。2017 年，

---

① 中共中央文献研究室编：《十八大以来重要文献选编》（上），中央文献出版社 2014 年版，第 527 页。

党中央出台了有关实施意见。这是新形势下坚持和完善人民代表大会制度、发展社会主义民主政治的重要举措，对加强和改善党的领导，推进科学决策、民主决策、依法决策，具有重要意义。

要贯彻落实党中央部署，依法推进、积极探索讨论决定重大事项工作。把听取审议本级有关国家机关工作报告、审查批准本级国民经济和社会发展规划计划及预算作为行使重大事项决定权的重点，依法认真负责地进行审议并作出决定决议。健全讨论决定重大事项协调机制，完善讨论决定重大事项程序机制。加强合法性审查，发挥人大代表和常委会组成人员的作用，提高讨论决定重大事项的科学化、民主化、法治化水平。认真贯彻实施人大及其常委会作出的决定决议，有关国家机关要及时向人大及其常委会报告决定决议的贯彻实施情况，人大及其常委会要加强对决定决议贯彻实施情况的监督。

第四节　使各级人大及其常委会成为同人民群众保持密切联系的代表机关

党的二十大提出加强人大代表工作能力建设，密切人大代表同人民群众的联系，使各级人大及其常委会成为同人民群众保持密切联系的代表机关的部署要求。人民代表大会制度之所以具有强大生命力和显著优越性，关键在于它深深植根于人民群众之中。要密切同人大代表的联系，充分听取人大代表意见建议，支持和保障人大代表依法履职，更好发挥人大代表在了解民情、反映民意、集中民智方面的独特作用。

一、人大代表肩负人民重托，责任重大、使命光荣

人大代表是国家权力机关的组成人员，代表人民的利益和意志，依法执行代表职务，参加行使国家权力。人大工作能否取得积极成效，国家权力机关作用能否得到充分发挥，同人大代表履职尽责、发挥作用密不可分。

各级人大代表来自四面八方、各行各业，具有广泛的群众基础和代表

性，同人民群众保持着天然的密切联系，在了解民情、反映民意、集中民智方面具有独特作用。人大代表履行职责主要是做好本级人民代表大会会议期间的各项工作，按时出席本级人民代表大会会议，审议和表决各项议案、报告和其他议题，选举和决定国家机关组成人员，依法提出议案和建议、批评、意见等。参加闭会期间的活动，也是人大代表依法履行职责的重要组成部分，包括通过代表小组活动、代表接待日、走访选民等多种形式，听取反映原选区选民或原选举单位的意见和要求；对有关国家机关和国家单位的工作进行视察，围绕经济社会发展和关系人民群众切身利益、社会普遍关注的重大问题，开展专题调研，提出改进工作的意见和建议；通过列席本级人大常委会会议和有关会议，参加人大常委会组织的立法调研和执法检查等，监督和推动人大常委会的工作。各级国家机关要把加强同人大代表的联系作为对人民负责、受人民监督的重要内容，认真办理议案建议，虚心听取意见切实改进工作。

人大代表在履行职责时，也承担相应义务，要模范地遵守宪法和法律，按时出席人民代表大会会议并认真做好会议期间审议各项议案、报告等工作，积极参加闭会期间的代表履职活动，加强履职学习和调查研究，保持与人民群众的密切联系，自觉遵守社会公德、廉洁自律。人大代表要正确处理从事个人职业活动与履行代表职务的关系，不得利用人大代表身份，通过干预执法、干涉具体司法案件或插手招标投标等，牟取个人、小团体和特定关系人的利益；在参加会议期间、开展代表活动时，不得拉关系、办私事、变相从事商业活动。

人大代表由人民选举产生，对人民负责，受人民监督。人大代表应当采取多种方式经常听取人民群众对自己履职的意见，回答所在选区选民或者所在选举单位对代表工作和代表活动的询问，接受监督。选民或者选举单位有权依法罢免自己选出的代表。

二、支持和保证人大代表依法履职

为了保证人大代表依法履行代表职务，防止各种干扰，免受各种非法侵害，宪法、代表法等规定了保障人大代表依法履职的具体措施。主要有：人大代表在本级人民代表大会各种会议上的发言和表决，不受法律追究，在会议期间非经本级人民代表大会主席团许可、在闭会期间非经本级人大常委会许可，不受逮捕或者刑事审判，也不得对其采取其他限制人身自由的措施。人大代表执行职务依法享受时间保障和物质保障，其所在单位应当按正常出勤对待，享受所在单位的工资和其他待遇。无固定工资收入的人大代表执行代表职务，根据实际情况由本级财政给予适当补贴。人大代表的活动经费，应当列入本级财政预算予以保障，专款专用。人大代表在会议期间的工作和闭会期间的活动都是执行代表职务，一切组织和个人必须尊重代表的权利，支持代表执行职务。

近年来，各级人大及其常委会坚持尊重人大代表主体地位、充分发挥人大代表作用，做了大量工作，如：完善人大常委会联系人大代表、人大代表联系人民群众制度，畅通社情民意表达和反映渠道；拓展人大代表参与人大常委会、专门委员会工作的广度和深度，提高人大工作质量和水平；认真审议人大代表议案、办理人大代表建议，努力做到件件有着落、事事有回音；保障人大代表知情知政，组织代表履职学习和专题调研，为代表依法履职提供了有力的服务、保障和支持。

三、人大代表要增强履职意识、提高履职能力

人大代表作为国家权力机关组成人员，在坚持和发展新时代中国特色社会主义事业中承担着重要使命。要进一步增强政治责任感，切实提高履职能力，认真履行宪法法律赋予的职责，努力完成好人民交给的各项任务。

（一）要坚持正确政治方向

人大代表依法参加行使国家权力，是很严肃的政治任务。每一位人大代表都要站稳政治立场，严格遵守政治纪律，做政治上的明白人。要把旗帜鲜明讲政治摆在首位，不断增强"四个意识"，坚定"四个自信"，坚决做到"两个维护"，进一步提高政治站位和政治能力，自觉在思想上、政治上、行动上同党中央保持高度一致，确保党的路线方针政策和决策部署在国家工作中得到全面贯彻和有效执行。

（二）要增强履职能力和水平

人大工作的政治性、法律性、程序性、专业性都很强。要深入学习贯

彻习近平新时代中国特色社会主义思想，系统学习宪法和相关法律，进一步增强法治观念，不断提升运用法治思维和法治方式开展工作、解决问题的能力；要拓展专业领域，优化知识结构，全面了解和把握国家经济和社会的重大情况，为依法履职打下坚实基础。

（三）要密切联系人民群众

进一步增强群众观念，切实践行群众路线，不断推动解决人民群众最关心最直接最现实的利益问题。深入基层一线，广泛听取群众的意见建议，真实反映群众的愿望要求。无论是审议还是提出议案建议，都要提高站位、着眼大局，讲真话、讲实情，不做表面文章，使人大通过的法律、决定、决议经得起历史和人民的检验。

【拓展阅读】

创新代表工作 提升履职效能

走村入户、倾听民声、收集意见建议……过去一年，全国人大代表、江西省抚州市资溪县乌石镇新月畲族村党支部书记兰念瑛十分忙碌。

"资溪县有多个国家级旅游景区，听说要推行乡村旅游转型，不少村民来找我，希望村里能组织开展技能培训。"兰念瑛一直把这件事放在心上，并将问题反映给资溪县委，最终促成村里开办形式多样、门类广泛的旅游产业培训班。

看到村民日子越过越好，兰念瑛很自豪。自当选全国人大代表以来，兰念瑛已帮助群众解决了大大小小的烦心事百余件。"有了群众的信任和支持，我代表人民、服务人民的动力越来越足。"兰念瑛说。

人民代表大会制度之所以具有强大生命力和显著优越性，关键在于它深深植根于人民之中。人大代表密切联系群众，在履职尽责中绽放风采。这背后，离不开全国人大常委会加强和改进代表工作，切实为代表搭好履职平台，畅通民意表达渠道，完善代表联系群众机制。

为了完善联系代表制度，健全代表意见建议处理反馈机制，十三届全国人大常委会建立与列席常委会会议代表座谈的机制。一年来，在疫情防控常态化的情况下，全国人大常委会邀请151人次代表列席全国人大常委会会议、参加列席代表座谈会，代表提出的 78 条意见建议均得到及时办理并逐一向代表通报。

除了举行座谈会，全国人大常委会还以各种措施密切同全国人大代表的联系。常委会组成人员通过座谈、走访、视频、电话、微信、邮件等多种形式和途径，丰富联系内容，拓展联系深度，增强联系实效，"做到真联系、取得真效果"。

进"站"入"家"，是人大代表密切同人民群众联系的重要方式。依托基本实现乡镇、街道"全覆盖"的 22 万余个代表之家、代表联络站、代表活动室，以及互联网线上联系平台，人大代表的"根"深深扎在人民群众之中、扎在基层土壤之中，同人民群众走得更近、联系更紧。

加强代表学习培训是做好新时代人大工作的基础性工程，也是推动代表履职能力与时俱进的重要途径。过去一年，聚焦代表关注和履职需要，全国人大常委会举办 3 期线下培训班和 3 期网络培训班，代表共 4618 人次参加学习。充分利用全国人大网络学院，自主录制、上线课程 120 多门，总点播量超过 140 万次。线上线下培训深度融合，优势互补，扩大了代表培训覆盖面，满足了代表多样化、个性化的学习需求，有力提高代表工作能力和履职水平。

（资料来源：魏哲哲《创新代表工作 提升履职效能》，载《人民日报》2022 年 2 月 28 日第 18 版。）

思考题

1. 如何理解人民代表大会制度是坚持党的领导、人民当家作主、依法治国有机统一的根本政治制度安排？如何认识我国人民代表大会制度与西方"三权分立"制度的不同？

2. 我国人大代表选举的特点和优势是什么？

3. 结合我国宪法发展历程，谈谈对"坚持依法治国首先要坚持依宪治国"这一重要论断的理解。

第三章　推动具有中国特色的协商民主发展

协商民主深深嵌入了中国社会主义民主政治全过程。中国社会主义协商民主，既坚持了中国共产党的领导，又发挥了各方面的积极作用；既坚持了人民主体地位，又贯彻了民主集中制的领导制度和组织原则；既坚持了人民民主的原则，又贯彻了团结和谐的要求。所以说，中国社会主义协商民主丰富了民主的形式、拓展了民主的渠道、加深了民主的内涵。

——《习近平谈治国理政》（第二卷），第294页

第一节　加强社会主义协商民主建设

协商民主是中国社会主义民主政治中独特的、独有的、独到的民主形式，它源自中华民族长期形成的天下为公、兼容并蓄、求同存异等优秀政治文化，源自近代以后中国政治发展的现实进程，源自中国共产党领导人民进行革命、建设、改革的长期实践，源自新中国成立后各党派、各团体、各民族、各阶层、各界人士在政治制度上共同实现的伟大创造，源自改革开放以来中国在政治体制上的不断创新，具有深厚的文化基础、理论基础、实践基础、制度基础。

协商民主是在中国共产党领导下，人民内部各方面围绕改革发展稳定重大问题和涉及群众切身利益的实际问题，在决策之前和决策实施之中开展广泛协商，努力形成共识的重要民主形式。在新时代，发挥社会主义协商民主重要作用，对于坚持走中国特色社会主义民主政治道路，发展社会主义民主政治具有重要意义。

一、我国协商民主的性质定位

（一）协商民主是实践全过程人民民主的重要形式

习近平总书记在党的二十大报告中指出："完善协商民主体系，统筹推进政治协商、人大协商、政协协商、人民团体协商、基层协商以及社会组织协商，健全各种制度化协商平台，推进协商民主广泛多层制度化发展。"① 保证和支持人民当家作主，通过依法选举、让人民的代表来参与国家生活和社会生活的管理是十分重要的，通过选举以外的制度和方式让人民参与国家生活和社会生活的管理也是十分重要的。在我国，这种选举以外的制度和方式主要就是协商民主。协商民主丰富了民主的形式，拓展了民主的渠道，深化了民主的内涵。协商民主是中国共产党所领导的民主实践的重要组成部分，不仅成就了新中国，而且保证了中国人民当家作主的广泛权利，深深嵌入中国社会主义民主政治全过程。协商民主体现的是人民民主的本质，为人民当家作主的政治实践提供更广阔的政治空间和实践平台。

（二）协商民主是实现党的领导的重要方式

协商民主是中国共产党的群众路线在政治领域的重要体现，是实现党的领导的重要方式。发展协商民主能够完善人民表达意愿、参与政治的良好机制，更好体现党全心全意为人民服务的宗旨；能够广求善策、广纳群言，将社会各阶层各方面的实际需求和意见建议纳入决策之中，促进决策科学化民主化；能够使党和政府更深入地了解把握社情民意，实现科学民主管理，有效治理国家；能够密切党同人民群众的联系，时刻接受人民监督，使党的执政和国家机关施政更加廉洁公正。通过协商逐步增进了解、加深理解、消除误解、取得谅解，努力凝聚思想上最大的共识，把更多的人团结在党的周围，从而改善党的领导，提高党的执政能力。

---

① 《习近平著作选读》（第一卷），人民出版社 2023 年版，第 31 - 32 页。

（三）协商民主是我国社会主义民主政治的特有形式和独特优势

协商民主是我国社会主义民主政治中独特的、独有的、独到的民主形式。实行人民民主，保证人民当家作主，要求治国理政时在人民内部各方面进行广泛商量。要坚持有事多商量，遇事多商量，做事多商量，商量得越多越深入越好。新中国成立前后，我们党形成新民主主义的议事精神，即不在于最后的表决，主要在于事前的协商和反复的讨论。改革开放以来，在总结新中国人民民主实践的基础上，我们党明确提出，在我们这个人口众多、幅员辽阔的社会主义国家里，关系国计民生的重大问题，在中国共产党领导下进行广泛协商，体现了民主和集中的统一；人民通过选举、投票行使权利和人民内部各方面在重大决策之前都进行充分协商，尽可能就共同性问题取得一致意见，是中国社会主义民主的两种重要形式。在中国，这两种民主形式不是相互替代、相互否定的，而是相互补充、相得益彰的。

【拓展阅读】

《关于加强和促进人民政协凝聚共识工作的意见》

为制定该意见，根据全国政协党组统一安排部署，2019 年年底即成立了文件起草组，确定了工作方案。2020 年 3 月底完成初稿起草，4 月组织了 3 场不同人员参加的座谈会，就文件初稿涉及的重点、难点问题听取意见并形成了征求意见稿。2020 年 5 月至 6 月，送全国政协主席会议成员、有关部门和部分委员征求意见。对这些意见逐条研究，采纳修改 152处，涵盖各方面意见和建议 235 条。

为更好地加强和促进人民政协凝聚共识工作，2020 年 8 月，政协第十三届全国委员会第四十一次主席会议，审议通过了《关于加强和促进人民政协凝聚共识工作的意见》，进一步明确凝聚共识的平台载体、工作机制、目标对象和发挥中共党员委员先锋模范作用等内容，对通过政协民主程序和有效工作把党的主张转化为社会各界的共识作出制度性安排。

（资料来源：冯春梅《汇聚起共襄伟业的强大力量——写在全国政协十三届四次会议即将召开之际》，载《人民日报》2021年3月3日第1版。）

二、我国协商民主的特点和优势

社会主义协商民主根植于我国土壤，有根有源有生命力，具有鲜明特点和独特优势。

（一）具有深厚的文化基础、理论基础、实践基础、制度基础

我国协商民主具有深厚的文化基础，这就是中华民族长期形成的天下为公、兼容并蓄、求同存异等优秀政治文化。天下为公是我国协商民主的核心理念，也是协商实践的出发点和落脚点。只有秉持天下为公，执政党才会有"虚心公听，言无逆逊，唯是之从"的胸襟，参政党才会有"凡议国事，惟论是非，不徇好恶"的担当。[①] 兼容并蓄是我国协商民主的巨大的包容性所在，也是协商实践要达到的目的。只有着眼于兼容并蓄，才能最大限度凝聚共识、凝聚智慧、凝聚力量。求同存异是我国协商民主的鲜明特色，也是协商实践的基本方式。只有坚持和而不同，才能求大同、存小异，既尊重多数的意愿，又照顾少数的合理要求，理性平和地找到最大公约数，化解矛盾，增进团结。

我国协商民主具有深厚的理论基础，这就是马克思主义科学理论的指导。我国的协商民主是在马克思列宁主义统一战线理论、政党理论、民主政治理论指导下形成与发展的。中国共产党成立以后，运用马列主义关于共产党人在民主革命中应该有原则地与资产阶级党派建立统一战线的思想，注重通过协商形式建立统一战线、开展党际合作，创立多党合作和政治协商制度，进行了协商民主理论和实践探索。改革开放以来特别是党的十八大以来，在马克思主义中国化的创新理论成果指导下，最广泛的爱国

[①] 参见徐隽、姚大伟《习近平同党外人士共迎新春》，载《人民日报》2017年1月23日第1版。

统一战线不断巩固和发展，社会主义协商民主全面展开。

我国协商民主具有深厚的实践基础。新民主主义革命时期，我们党在抗日根据地建立的"三三制"政权是协商民主与选举民主有机结合并以协商民主为鲜明特色的新型民主政治建设的成功尝试，形成了协商民主的雏形。中国人民政治协商会议第一届全体会议的召开，标志着中国共产党领导的多党合作和政治协商制度正式确立。党的十三大提出社会协商对话制度。2006 年，《中共中央关于加强人民政协工作的意见》首次明确提出我国社会主义民主的两种重要形式。党的十八大明确社会主义协商民主是我国人民民主的重要形式，强调健全社会主义协商民主制度。

我国协商民主具有深厚的制度基础。我国根本政治制度和基础政治制度为构建程序合理、环节完整的协商民主体系提供了制度保障，特别是中国共产党领导的多党合作和政治协商制度作为新型政党制度，为政党协商、政协协商提供了制度基础。近年来，党中央先后制定了加强社会主义协商民主建设的意见、加强和改进人民政协民主监督工作的意见、加强城乡社区协商的意见等文件，协商民主制度建设不断取得新进展。

（二）既坚持了中国共产党的领导，又发挥了各方面的积极作用

我国协商民主的本质特征是坚持中国共产党的领导。中国共产党除了工人阶级和最广大人民群众的利益，没有自己特殊的利益。这个大政治前提决定了中国共产党应该也能够广泛听取人民内部各方面的意见和建议。只有坚持中国共产党的领导，才能确保协商民主的正确政治方向，有效克服党派和利益集团为自己的利益固执己见、排除异己、相互竞争甚至相互倾轧的弊端，确保协商后的决策代表人民的根本利益、长远利益，并兼顾各个方面的具体利益、眼前利益。

我国协商民主是人民民主的重要形式。党的一切治国理政活动，都要尊重人民主体地位，尊重人民首创精神，拜人民为师，把政治智慧的增长、治国理政本领的增长深深扎根于人民的创造性实践之中，使各方面提出的真知灼见都能运用于治国理政，这样就能够发挥各方面的积极作用。相应地，协商民主就应该是实实在在的、而不是做样子的，应该是全方位的、而不是局限在某个方面的，应该是全国上上下下都要做的、而不是局限在某一级的。

（三）既坚持了人民主体地位，又贯彻了民主集中制的领导制度和组织原则

我国协商民主是人民内部各方面的协商，协商主体包括全体人民。坚持人民主体地位，就是通过各种形式的协商，广泛听取人民内部各方面的意见和建议，广泛接受批评和监督。涉及全国各族人民利益的事情，要在全体人民和全社会中广泛商量；涉及一个地方人民群众利益的事情，要在这个地方的人民群众中广泛商量；涉及一部分群众利益、特定群众利益的事情，要在这部分群众中广泛商量；涉及基层群众利益的事情，要在基层群众中广泛商量。

民主集中制是党的根本组织原则，我国国家机构实行民主集中制原则。党和国家通过协商民主畅通表达渠道、汇集民意，促进社会政治关系和谐。人民具体表现为各党派、各团体、各阶层、各方面的个人，利益诉求不尽相同，呈现出差异性和多样性的特点。为避免协商民主的随意性和无序性，就要按照民主集中制原则，坚持民主基础上的集中和集中指导下的民主相统一，确保协商依法开展、有序进行，防止议而不决、决而不行，着力达成共识、凝聚力量，避免相互牵制、相互推诿。

（四）既坚持了人民民主的原则，又贯彻了团结和谐的要求

我国协商民主是民主和团结的辩证统一。实现紧密团结，发展民主才更有基础；广泛发扬民主，加强团结才更有力量。

一方面，坚持人民民主原则，核心就是坚持协商就要真协商，保证人民参与协商的权利并使协商成为决策的重要环节，把协商与决策之前和决策实施之中的原则落到实处，根据各方面的意见和建议来调整决策和工作，从制度上保障协商成果落地。

另一方面，在协商过程中，要通过充分讨论、互动交流，帮助协商各方面更好理解、领会党和国家方针政策，知情明政、解疑释惑、深化认识、提神鼓劲，更加有力、有效地凝聚共识。

第二节　推动协商民主广泛、多层、制度化发展

中国共产党领导是中国特色社会主义最本质的特征，也是社会主义协商民主健康有序发展的根本保证。推进协商民主广泛、多层、制度化发展，是发展社会主义协商民主的战略任务，必须充分发挥党总揽全局、协调各方的领导核心作用，统筹推进政党协商、人大协商、政府协商、政协协商、人民团体协商、基层协商以及社会组织协商，充分发挥各渠道自身优势，横向联动、纵向衔接，构建程序合理、环节完整的社会主义协商民主体系，确保协商民主有制可依、有规可守、有章可循、有序可遵。加强和完善党对社会主义协商民主建设的领导，要把握正确政治方向，坚定不移走中国特色社会主义政治发展道路；坚决贯彻民主集中制，不能因为搞协商民主就削弱党的领导和权威、放弃党的领导责任。

一、继续加强政党协商

政党协商是实行政治协商的重要民主形式。政党协商的主要内容包括：中国共产党全国代表大会和地方各级代表大会、中央和地方各级党委的有关重要文件；宪法的修改建议，有关重要法律的制定、修改建议，有关重要地方性法规的制定、修改建议；人大常委会、政府、政协领导班子成员和人民法院院长、人民检察院检察长建议人选；关系统一战线和多党合作的重大问题；等等。

政党协商，主要是中国共产党同民主党派协商。政党协商具有高层次、小范围、直接性等特点。政党协商主要采取会议协商、约谈协商、书面协商等形式。会议协商包括专题协商座谈会、人事协商座谈会、调研协商座谈会以及根据工作需要召开的其他协商座谈会。目前，中共中央总书记等中央主要负责同志每年一般主持召开四到五次专题协商座谈会。约谈协商是一种面对面的协商，既有中央负责同志不定期邀请民主党派负责同志就共同关心的问题展开小范围谈心活动，也有民主党派负责同志约请中共负责同志个别交

谈，形式灵活、方法简便，是反映情况、沟通思想、交换意见的有效手段。书面协商有三种情况：一是民主党派中央以书面形式反馈中共中央就有关重要文件、重要事项征求的意见建议；二是民主党派中央以调研报告、建议等形式直接向中共中央提出意见建议；三是民主党派中央负责同志可以以个人名义向中共中央和国务院直接反映情况、提出建议。

开展政党协商，需要中国共产党和各民主党派共同努力。中国共产党担负着首要责任，要加强党对政协的领导，增强协商意识，更加善于协商。一如既往营造宽容民主的协商环境，鼓励不同意见的交流和讨论，真正形成知无不言、言无不尽的氛围。民主党派担负起政党协商参与者、实践者、推动者的政治责任，要努力提高政党协商能力，用好政党协商这个民主形式和制度渠道，确保取得实效。

【拓展阅读】

《中共中央关于新时代加强和改进人民政协工作的意见》

《中共中央关于新时代加强和改进人民政协工作的意见》，部署了当前和今后一个时期人民政协的重点工作。必须继续抓好贯彻落实，注重固本强基，把人民政协制度坚持好、把人民政协事业发展好。

——毫不动摇坚持中国共产党对人民政协工作的全面领导。要通过制度运行、民主程序和有效工作，努力把党的主张转化为社会各界广泛共识和自觉行动，使人民政协更好成为坚持和加强党对各项工作领导的重要阵地。

——有序有效推进专门协商机构制度建设。要坚持性质定位，明确政协不是权力机关、不是立法机构，而是具有中国特色的、体现"我有你没有、我能你不能"政治优势的政治组织和民主形式；要强化协商功能，明确政协作为组织和承担协商任务的机构，不是协商主体，而是发扬民主、参与国是、团结合作的重要平台，不是"和"政协协商，而是"在"政协协商；要把握丰富内涵，明确政协协商还包括政协内部各界别委员之间的协商，推动政协协商广泛多层制度化发展。建立健全协商工作规则，推动完善协商于决策之前和决策实施之中的落实机制，探索政协协商制度化实践的新经验新做法。

——深入做好凝聚共识工作。要树立正确履职观，深刻认识建言资政是履职成果、凝聚共识也是履职成果，甚至是更重要的成果。要寻求最大公约数，正确处理一致性和多样性的关系，坚持大团结不搞"清一色"、坚持大联合不搞"单打一"。要不断通过加强学习明共识、协商交流聚共识、团结—批评—团结增共识。要增强工作实效性，有的放矢地做好宣传政策、理顺情绪、增进团结的工作。

——强化委员责任担当。要强化责任肯担当，坚持为国履职、为民尽责。要提高能力善担当，加强理论学习，开展读书活动，建设"书香政协"。要模范带头真担当，关键时刻靠得住、站得出、敢发声，以立场坚定、模范履职的实际行动践行责任委员的要求，影响带动所联系的界别群众一道前行、共同进步。

（资料来源：李学仁、陈斌《全国政协十三届三次会议在京开幕》，载《人民日报》2020年5月22日第1版。）

二、积极开展人大协商

人大协商是指各级人大依法行使职权的同时，在重大决策之前根据需要进行充分协商，更好汇聚民智、听取民意，支持和保证人民通过人民代表大会行使国家权力。

深入开展立法工作中的协商，是人大协商的重要方面。开展人大立法协商，主要包括五个环节：一是立法规划、立法工作计划制定环节的协商，广泛听取各方面的意见和建议；二是法律法规起草环节的协商，健全协调机制，加强人大专门委员会、工作委员会与相关方面的沟通协商；三是法律法规形成过程中的协商，健全立法论证、听证、评估机制，探索建立有关国家机关、社会团体、专家学者等对立法中涉及的重大利益调整论证咨询机制；四是法律法规草案公开征求意见和公众意见采纳情况反馈机制；五是法律法规表决前的协商，对于法律关系复杂、意见分歧较大的法律法规草案，要进行广泛深入的调研、论证、协商，在各方面基本取得共识基础上再依法提请表决。

我国各级人大拥有开展群众工作的健全网络、宝贵资源和独特优势，特别是县乡两级人大代表与人民群众接触最广泛、最直接、最经常，开展各种形式的协商也最便利。要更好发挥人大代表在立法协商中的作用，进一步健全法律法规起草征求人大代表意见的制度。鼓励基层人大在履职过程中依法开展协商，探索协商形式，丰富协商内容。

三、扎实推进政府协商

政府协商是围绕有效推进科学民主依法决策，增强决策透明度和公众参与度，解决好人民最关心最直接最现实的利益问题而开展的协商，可以有效推进政府职能转变，提高政府治理能力和水平。

加强政府协商，首要的是明确协商事项，根据法律法规规定和工作实际制度公布政府协商事项目录，对列入目录的事项进行沟通协商；对于未列入目录的事项，也要根据实际需要进行沟通协商。协商主体选择上坚持社会公众广泛参与，涉及经济社会发展重大问题、重大公共利益或重大民生问题的，要重视听取社会各方面的意见和建议，吸纳社会公众特别是利益相关方参与协商。涉及特定群体利益的，要加强与相关人民团体、社会组织以及群众代表的沟通协商。政府协商要做好政府信息公开工作，完善四个机制：一是完善意见征集和反馈机制，在立法、设定决策议题、进行决策时广泛听取意见，及时反馈意见采纳情况；二是规范听证机制，听证会依法公开举行，及时公开相关信息；三是建立健全决策咨询机制，完善咨询程序，提高咨询质量和公信力；四是完善人大代表议案建议和政协提案办理联系机制，建立和完善台账制度，将建议和提案办理纳入政府年度督察工作计划，办理结果逐步向社会公开。

四、进一步完善政协协商

人民政协是我国社会主义协商民主的重要渠道和专门协商机构。政协协商的政治前提是中国共产党的领导，协商主体是党委、政府及有关方面和参与人民政协的各党派团体、各族各界人士，协商的实现途径是将协商民主贯穿于履行政治协商、民主监督、参政议政职能全过程，协商的主要内容是改革发展稳定重大问题和涉及群众切身利益的实际问题，协商的原则是协商在决策之前和决策实施之中，协商的目的是促进决策科学化民主化、凝聚共识、增进团结。

完善政协协商，要进一步加强与党委政府工作的有效衔接，规范协商议题的提出机制，认真落实由党委、人大、政府、民主党派、人民团体等提出议题的规定，建立党委同政府、政协重点协商议题会商机制和政协内部选题机制；健全知情明政制度，相关部门定期通报情况，视情邀请政协领导同志和有关方面负责同志参加党委和政府部门召开的重要会议，为政协委员履行职责提供便利、创造条件；完善协商成果采纳、落实和反馈机制，及时通报反馈视察报告、调研报告、政协信息、大会发言专报、重要提案摘报等成果的采纳落实情况。

五、认真做好人民团体协商

人民团体是党和政府联系人民群众的桥梁和纽带。人民团体协商是广大群众依法、有序、广泛参与管理国家事务和社会事务、管理经济和文化事业的重要渠道。人民团体要加强对经济社会发展等方面政策的研究，提高参政议政水平，依照党的政策和国家法律法规，积极代表和组织所联系群众参与协商。

新形势下做好人民团体协商，各级党组织要重视依靠人民团体推动党的理论和路线方针政策在群众中的贯彻落实。对涉及群众切身利益的实际问题，特别是事关特定群体权益保障的，有关部门要加强与相关人民团体协商。人民团体要进一步拓展联系渠道和工作领域，把联系服务新兴社会群体纳入工作范围，有效反映群众意愿和利益诉求；主动代表所联系群众参与相关法律法规和政策的制定，推动建立健全协调劳动关系等方面制度机制；注重通过集体协商、对话协商等方式协调各方利益。人民团体要积极参与城乡基层群众自治和企事业单位民主管理，引导所联系群众正确行使民主权利，推动基层民主健康发展。

六、稳步推进基层协商

涉及人民群众利益的大量决策和工作，主要发生在基层。基层协商是基层组织按照协商于民、协商为民的要求，为更好解决人民群众的实际困难和问题，及时化解矛盾纠纷，促进社会和谐稳定而开展的协商。

推进基层协商，首先要坚持村（居）民会议、村（居）民代表会议制度，完善基层组织联系群众制度，加强议事协商，做好上情下达、下情上传工作，保证人民依法管理好自己的事务。围绕本地城乡规划、工程项目、征地拆迁以及群众反映强烈的民生问题等，重视吸纳利益相关方、社会组织、外来务工人员、驻村（社区）单位参加协商。健全以职工代表大会为基本形式的企事业单位民主管理制度，畅通职工表达合理诉求渠道，健全各层级职工沟通协商机制，由工会代表职工与企业就调整和规范劳动关系等重要决策事项进行集体协商。

【拓展阅读】

江苏 协商议事会开到田间地头

杨巷镇是苏南远近闻名的稻米之乡，当地特产"杨巷大米"2017年被认定为国家地理标志证明商标，受到消费者欢迎。然而近年来，越来越多的假冒"杨巷大米"损害了品牌声誉，给相关企业、农民造成了经济损失。针对"杨巷大米"的侵权现象和维权问题，2020年以来，政协杨巷镇工作委员会两任主任多次带领政协委员赴现场调研，把协商议事会开到田间地头，商定赔偿事宜。全镇有大米加工企业11家，年销量50万吨，年销售额超20亿元。协商议事让企业和农户少了"心头忧"，让农业产业化、规模化发展更有底气。

近年来，江苏省政协坚持党委领导、政府支持、政协搭台、服务群众、各方参与，大力推进"有事好商量"协商议事工作。在实践中，党政点题、委员荐题、群众出题、网格筛题，议题既有环境整治、增收致富、农房改善等群众急难愁盼的问题，又有基础教育均衡发展、化工企业转型升级、安全生产等涉及高质量发展的问题。委员们围绕议题沉到一线考察实情，通过请进来、走出去、联起来等方式，形成广纳群言、线上线下广泛讨论的生动局面，推动问题在协商中解决、矛盾在协商中化解、人心在协商中凝聚。

2021年9月2日下午，江苏省宿迁市政协委员王宿梅来到基层联系点宿城区耿车镇，参加"推进生活垃圾分类"协商议事，讨论如何提高群众垃圾分类意识，智能投放点位置选址等。"我们常态化沉到基层一线，直接参与协商议事活动并与调研提案、反映社情民意紧密结合，我感到履职工作更加接地气、沾泥土、带露珠。"协商议事后，王宿梅认真梳理了问题和建议，如实反映居民所虑所盼，"完善生活垃圾分类的地方法规制度体系"的社情民意信息应运而生。

宿迁市政协在全市政协委员中建立了"三联三定"制度，将省市县三级1700余名委员全部下沉到镇村两级协商议事室，以定点、定责、定时的方式，联系群众收集社情民意，联系基层参与协商议事，联系实际开展调查研究，委员参加联系点活动情况计入个人履职档案。"委员们在参与基层协商的实践中提升了调查研究和联系群众的能力，促成了一条条来自基层一线的社情民意信息和调研成果，'有事好商量'协商议事室成为名副其实的学习园地、调研基地和履职阵地。"宿迁市政协主席王益说。

江苏省全省共建立"有事好商量"协商议事室21315个，其中乡镇、街道和省级以上园区覆盖率达100%；建立界别协商议事室1021个，覆盖率61%。2020年以来，全省各级各类"有事好商量"协商议事室累计开展协商议事活动8.91万场次，累计139.67万人次参与，其中各级政协委员12.42万人次，助推解决10.24万个老百姓身边的问题。

（资料来源：何聪、姚雪青《江苏 协商议事会开到田间地头》，载《人民日报》2021年10月21日第18版。）

七、探索开展社会组织协商

以社会团体、基金会和社会服务机构等为主要形式的社会组织，是我国社会主义现代化建设的重要力量。社会组织协商是为发挥社会力量在管理社会事务中的作用而开展的协商。探索开展社会组织协商，要坚持党的领导和政府依法管理，健全与相关社会组织联系的工作机制和沟通渠道，引导社会组织有序开展协商，更好为社会服务。

近年来，随着社会组织的快速发展，其作为民意代表和群众诉求表达渠道的功能不断增强。广大社会组织积极参与各级党委、人大、政府、政协及有关部门组织发起的决策协商、立法协商、行业协商、专题协商、社会事务等协商，对解决经济社会发展的重大问题和人民群众关心的现实利益问题，减少分歧、凝聚共识起到了积极作用。但由于我国社会组织协商尚处于起步阶段，相较于其他协商渠道，社会组织协商理论研究和实践探索的空间都很大。应在各级党组织的领导下，以制度化、法制化的方式规范社会组织发展，发挥社会组织的社会性、民间性、志愿性、公益性作用，分步骤、有秩序地开展社会组织协商，使其活力和创造性得到最大限度的激发和释放，确保社会组织协商民主有序推进。

第三节　充分发挥人民政协作为协商民主的渠道和专门协商机构的作用

人民政协是具有中国特色的制度安排，是社会主义协商民主的重要渠道和专门协商机构。[①] 要按照党的十九大部署要求，聚焦党和国家中心任务，围绕团结和民主两大主题，把协商民主贯穿政治协商、民主监督、参政议政全过程，完善协商议政内容和形式，着力增进共识、促进团结；加强人民政协民主监督，重点监督党和国家重大方针政策和重要决策部署的贯彻落实；增强人民政协界别的代表性，加强委员队伍建设。

一、人民政协是具有中国特色的制度安排

人民政协根植于中国历史文化，产生于近代以后中国人民革命的伟大斗争，发展于中国特色社会主义光辉实践，是在中国社会土壤中生长起来的，具有鲜明的中国特色。

（一）人民政协的性质定位

人民政协的性质定位有一个不断丰富的过程。1949 年中国人民政治

---

① 参见习近平《决胜全面建成小康社会 夺取新时代中国特色社会主义伟大胜利》，人民出版社 2017 年版，第 38 页。

协商会议第一届全体会议代行全国人民代表大会职权。1954 年人民代表大会制度建立后，人民政协作为多党合作和政治协商机构、作为统一战线组织，继续发挥作用。党的十一届三中全会后，人民政协成为我国政治体制中发扬社会主义民主的重要形式。党的二十大进一步明确，发挥人民政协作为专门协商机构作用，加强制度化、规范化、程序化等功能建设，提高深度协商互动、意见表达、广泛凝聚共识水平，完善人民政协民主监督和委员联系界别群众制度机制。①

政协章程是参加人民政协的各党派团体和各族各界人士共同的行为准则，是各级政协设立组织、开展工作的基本依据，规定了政协的性质定位，即：人民政协是中国人民爱国统一战线的组织，是中国共产党领导的多党合作和政治协商的重要机构，是我国政治生活中发扬社会主义民主的重要形式，是国家治理体系的重要组成部分，是具有中国特色的制度安排。

人民政协是中国人民爱国统一战线的组织，设若干界别，囊括了由全体社会主义劳动者、社会主义事业建设者、拥护社会主义爱国者、拥护祖国统一和致力于中华民族伟大复兴爱国者组成的最广泛爱国统一战线各个方面，坚持大团结大联合，共同致力于实现中华民族伟大复兴中国梦。

人民政协是中国共产党领导的多党合作和政治协商的重要机构，是实行中国共产党领导的多党合作和政治协商制度的重要政治形式和组织形式，承担着中国共产党与各民主党派、无党派人士合作共事、政治协商的组织职能。民主党派可以本党派名义在政协会议上发表意见和主张，可以提出代表本党派组织的提案，联合开展调查研究等活动，发挥中国特色社会主义参政党作用。

人民政协是我国政治生活中发扬社会主义民主的重要形式，是社会主义协商民主的重要渠道和专门协商机构，协商民主贯穿履行职能全过程。人民政协集协商、监督、参与、合作于一体，在推动协商民主广泛多层制度化发展、推进国家治理体系和治理能力现代化中发挥不可替代的作用。

（二）人民政协的特点优势

人民政协具有鲜明的政治性、广泛代表性、巨大的包容性、充分的民主性和组织性。

---

① 参见《习近平著作选读》（第一卷），人民出版社 2023 年版，第 32 页。

人民政协具有鲜明的政治性。人民政协自成立以来，把夯实参加人民政协的各党派团体、各族各界人士团结奋斗共同思想政治基础作为重要任务，把坚持中国共产党的领导作为必须恪守的根本政治原则。中国共产党的领导是包括各民主党派、各团体、各民族、各阶层、各界人士在内的全体中国人民的共同选择，是人民政协事业发展进步的根本保证。要坚持中国共产党对人民政协的领导，坚决维护党中央权威和集中统一领导，在事关道路、制度、旗帜、方向等根本问题上统一意志、统一步调、统一行动。

人民政协具有广泛代表性。人民政协是中国共产党领导各党派、各团体、各民族、各阶层大团结大联合的组织，实行"大团结、大统一、囊括一切代表人物"的方针，包括了中国共产党、8 个民主党派、无党派人士、8 个主要人民团体、56 个民族、5 大宗教以及香港特别行政区同胞、澳门特别行政区同胞、台湾同胞和海外侨胞的代表人士，社会影响力大，参政议政能力强。

人民政协具有巨大的包容性。在热爱中华人民共和国、拥护中国共产党的领导、拥护社会主义事业、拥护祖国统一、共同致力于实现中华民族伟大复兴中国梦的政治基础上，一切社会成员，无论来自哪个党派、团体、民族、阶层，无论从事何种职业，信仰如何，都可以参加人民政协。人民政协尊重各界人士的不同特点，包容在信仰、利益、观念等方面的差异。

人民政协具有充分的民主性。人民政协体现了协商民主的基本精神。协商议题的提出，是根据党和国家中心任务，广泛征求全体委员意见，经过严格的程序确立的。党委、政府通过与参加政协的各党派团体、各族各界人士在决策之前和决策实施之中开展广泛协商，凝聚共识。在政协协商议政活动中，坚持"不打棍子、不扣帽子、不抓辫子"方针，始终坚持平等协商、求同存异、体谅包容，鼓励敢讲话、讲真话，尊重和包容不同意见、逆耳之言和尖锐批评，努力营造畅所欲言、各抒己见的民主氛围。协商层次多样、形式灵活，提供了社会各界有序政治参与的渠道和途径。

人民政协具有系统的组织性。人民政协包括了全国、省、市、县四级组织，各级政协组织的设立、工作职责等都用一个章程来规范，上级政协与下级政协是指导与被指导的关系。在每级政协组织内部开展的会议、视察、调研、反映社情民意信息等工作中，同样有完整的组织架构和制度程序。同时，人民政协在协商方面还具有专业优势、平台优势、能力优势。

二、人民政协工作要聚焦党和国家中心任务

聚焦并服务具有全局性、战略性的党和国家事业大局，是人民政协履行职能的基本遵循。人民政协只有在大局下思考、在大局下行动，才能明确主攻方向、把握着力重点、彰显价值意义。

（一）紧扣贯彻党和国家重要决策部署需要解决的问题

人民政协坚持议大事、抓大事，自觉立足大局，紧紧围绕大局，紧扣党和国家中心工作履职尽责，做到政治协商聚焦大事、参政议政关注实事、民主监督紧盯难事。立足我国发展新的历史方位和社会主要矛盾变化，以实现第一个百年奋斗目标、向第二个百年奋斗目标迈进为履职主攻方向，以解决好不平衡不充分的发展问题为工作着力点，贯彻落实新发展理念，切实紧扣党和国家重要决策部署需要解决的问题深入协商议政。既立足长远，积极表达战略性、前瞻性、建设性的建议，又关照当下，认真提出提示性、批评性、预警性的意见；既围绕热点问题议政建言，又关注热点问题中容易被忽视的"冷门"，做到统筹兼顾。

（二）紧扣经济社会发展实际

人民政协坚持稳中求进工作总基调，围绕统筹做好稳增长、促改革、调结构、惠民生、防风险各项工作调研议政，精准建言出实招，集合众智克难关。坚持支持改革、服务改革，围绕全面深化改革关键问题协商议政。结合全面依法治国重大课题，每年安排法律法规方面的重点议题开展协商，对有关法律法规的制定修订提出建议。

（三）紧扣人民群众生产生活

坚持以人民为中心，坚持人民政协为人民，把更好满足人民群众日益增长的美好生活需要作为政协全部工作的出发点和落脚点，着眼办好人民满意的教育，推动教育事业全链条发展；着眼实施健康中国战略，促进人民健康全周期保障；着眼更好满足人民群众文化需要，助力文化建设全方

位推进；着眼民生关切，对涉及群众生活的问题全景式关注。积极开展视察调研和协商议政活动，努力让人民群众感到政协离自己很近、政协委员就在身边。

【拓展阅读】

海南儋州那大镇推进镇、村（社区、农垦居）基层协商民主建设试点

近两年来，海南省儋州市那大镇党委高度重视基层协商民主建设工作，全力推进"1＋33"个镇、村（社区、农垦居）基层协商民主建设试点，搭建起 1 个镇协商议事会议工作平台、32 个村（社区）协商议事会和 1 个农垦居基层协商民主议事会平台，确立村（社区、农垦居）协商议事会会长由各基层党支部书记担任的架构。截至 2021 年年底，那大镇共征集协商议题 103 个，达成共识议题 67 个，已实施完成项目 46 个。

那大镇党委书记尹亚峰说："贯彻落实省、市关于基层协商民主建设工作的决策部署和要求，强化党组织的领导作用，健全基层党组织领导的自治、法治、德治和民主协商相结合的治理体系。引导群众参与，丰富协商渠道，努力打造可复制、可推广的基层协商民主建设那大模式。"

那大镇党委围绕儋州市委、市政府中心工作，聚焦民生热点问题，以"完善上下联动机制、推动基层协商民主"为重点，通过"有事好商量"平台，积极探索推进基层协商民主建设试点，基本实现试点工作制度化、常态化、规范化，协商议事成效显著。

1 月 25 日，在那大镇解放社区龙腾西路二街，解放社区基层协商民主议事会第一召集人周儒北与居民代表、有关部门相关负责人一起，核查路面改造项目议题落实情况。解放社区是那大镇内建成时间较早、人口密度较高的居民社区，龙腾西路二街有一段 105 米长、11 米宽的泥土路，因规划问题道路未硬化，影响居民出行。为改善居住环境，提升城市形象，那大镇党委充分发挥基层协商民主议事平台的作用，多次访民情、听民意，2021 年 2 月，投入 25 万元铺设水泥路面。居民代表周光德说："铺设水泥路面后，雨天好走了，居住环境更舒适了。"

周儒北说："有了社区协商民主议事平台后，群众遇到的堵点难题有

了'落脚点'。我们走到群众中去，倾听居民诉求，及时汇总整理，召集政协委员和社区干部群众一起协商，帮助解决难题，真正为群众办好事、办实事。"

在儋州市那大镇侨南村大门，其具有东南亚风格的大门牌楼成为不少游客的打卡点。近年来，大门两侧道路被重型车辆碾压，路面已严重破损，正门设置禁止车辆通行的路障，车辆通行只能经由大门两侧道路进村。2座门亭建在大路边，遮挡视线，给村民和游客出行带来安全隐患。儋州市政协委员深入侨南村调研，找到解决涉及群众切身利益难点问题的路径，由侨南村委会提议，被列为镇基层协商民主议事会协商议题，那大镇党委推动改造侨南村大门路面、迁移门亭的项目顺利实施。

侨南村党支部书记叶阳说："侨南村大门路面改造、迁移门亭的项目，由村务协商会议确定改造方案后，于2021年9月开工，11月完工，原来破裂不平的1225平方米路面重新铺设水泥，门亭后移10多米，存在安全隐患的路障被清除。"村民代表温锦年告诉记者，侨南村大门路面改造后平整宽敞，大门牌楼灯光明亮，变成村民休闲娱乐的重要场地。

（资料来源：刘袭、李珂、羊富《有事好商量 为民解难题》，载《海南日报》2022年1月26日第8版。）

三、加强人民政协协商民主建设

人民政协是社会主义协商民主的重要渠道和专门协商机构，要坚持党对人民政协工作的全面领导，坚持改革创新精神，丰富民主形式，畅通民主渠道，有效组织各党派、各团体、各民族、各阶层、各界人士共商国是，推动实现广泛有效的人民民主。

加强新时代人民政协党的建设工作，对人民政协坚持党的领导，强化政协党组织在政协工作中的政治领导力、思想引领力、群众组织力、社会号召力，具有重要意义。各级党委要切实加强对政协工作的领导，将政协党的建设工作纳入党委工作总体布局，一体谋划、一体推进。各级政协党组要切实担负起实现党对人民政协领导的政治责任，坚持用习近平新时代中国特色社会主义思想武装头脑，推进人民政协党的组织和党的工作有效覆盖，驰而不息改进作风，坚持用严明的纪律推进全面从严治党，不断提高党的建设质量，把党中央决策部署和对政协工作的要求落实下去，把海内外中华儿女实现中华民族伟大复兴中国梦的智慧和力量凝聚起来，共同为实现党的二十大确定的目标任务而奋斗。

（一）完善政协协商内容和形式

政协协商要围绕中国特色社会主义"五位一体"总体布局和"四个全面"战略布局，针对国家大政方针和地方的重要举措以及经济、政治、文化和社会生活中的重要问题，各党派参加人民政协工作的共同性事务，政协内部的重要事务，以及有关爱国统一战线的其他重要问题等展开。

推进政协协商民主建设，要丰富协商议政形式。完善政协全体会议协商制度，健全专题议政性常委会议制度，规范专题协商会，完善双周协商座谈会制度，开展对口协商、界别协商和提案办理协商。积极探索网络议政和远程协商等新形式，搭建机制化、常态化的协商参与平台。

（二）加强人民政协民主监督

人民政协民主监督是在坚持中国共产党的领导、坚持中国特色社会主义基础上，参加人民政协的各党派团体和各族各界人士在政协组织的各种活动中，依据政协章程，以提出意见、批评、建议的方式进行的协商式监督，是我国社会主义监督体系的重要组成部分。人民政协发挥作用不是靠强制约束力而是靠政治影响力，履行职能的方式不是"发号施令"而是民主协商，这就决定了人民政协民主监督的非权力监督属性、协商对话方式、以客观公正彰显监督效力等特质。

准确把握人民政协民主监督性质定位，是做好政协民主监督工作的前提。应切实把握监督的方向和原则、节奏和力度，重点监督性议题纳入年度协商计划，进一步探索和完善民主监督的知情明政、协调落实、办理反馈、权益保障机制，确保开展民主监督有制度、有计划、有题目、有载体、有成效。

民主监督的重点是党和国家重大方针政策和重要决策部署的贯彻落实情况，目的是协助党和政府解决问题、改进工作、增进团结、凝心聚力。

（三）增强人民政协界别的代表性

由界别组成是人民政协组织的显著特色。人民政协适应改革开放和经济社会发展实际，研究并合理设置界别，扩大团结面，增强包容性。自八届全国政协开始共设置了34个界别，包括党派、团体、各族各界、特邀人士四大方面，吸收了新的社会阶层优秀代表人士。十三届全国政协委员的整体结构进一步优化，注重安排了经济、科技等领域的专家学者和有突出贡献者，增加了一线工人、农民数量等一大批各行业涌现出来的新的代表人物和相对年轻的优秀人才，综合素质普遍较高。

（四）加强委员队伍建设

坚持发挥委员主体作用，是人民政协工作优势所在、活力所在。加强政协委员队伍建设、更好发挥委员主体作用，必须切实提高委员的政治把握能力、调查研究能力、联系群众能力、合作共事能力，尊重和保障委员民主权利，完善委员联络制度，健全委员联络机构，为委员履职尽责创造良好条件，对委员的条件、职责、权利、义务、产生、管理、退出等作出明确的制度规范。十三届全国政协提出做好"委员作业"、写好履职报告，进一步把委员学习、履职、联系群众等各项任务要求落实落细。

加强委员队伍建设，一方面，应坚持懂政协、会协商、善议政，抓好委员教育培训，加强履职能力建设，开展统一战线和多党合作理论方针政策、优良传统教育，组织委员学习履职所需各方面知识，提高委员思想水平和认识能力，使广大委员掌握人民政协工作规律特点和方式方法。委员应认真调研，先当好学生、再当好先生，切实提高建言资政质量，做到建言建在需要时、议政议到点子上、监督监在关键处；应树立协商思维，弘扬协商精神，落实协商要求，摒弃非此即彼的思维定式，拒绝偏激偏执的极端言论，保持从善如流的坦荡胸怀。另一方面，应坚持守纪律、讲规矩、重品行，强化思想政治引领，坚持以习近平新时代中国特色社会主义思想武装头脑，建立习近平新时代中国特色社会主义思想学习座谈会制度和以自我教育、自我提高为宗旨的委员学习座谈会制度，开展以自我教育为主旨的党外委员专题视察，建立委员讲堂和重大专项工作委员宣讲团，引导委员增强政治敏锐性和鉴别力，站稳立场，敢于发声，以自身优势影响群众、引导群众，更加有力地凝聚共识。同时，人民政协要围绕团结和民主两大主题，坚持建言资政和凝聚共识双向发力，大力营造既畅所欲言、各抒己见，又理性有度、合法依章的良好协商氛围，始终做到平等协商、民主协商，商以求同、协以成事。全国政协和地方各级政协都要依法维护其参加单位和委员依照政协章程履行职责的权利。

【拓展阅读】

共启春天里的新征程——全国政协
十三届四次会议巡礼

在"两个一百年"奋斗目标历史交汇点上召开的政协大会,展开新时代奋进之路上新的出发——

6天半的时间里,出席全国政协十三届四次会议的2000多名全国政协委员,积极建言资政、广泛凝聚共识,展现为国履职、为民尽责的担当作为,在协商民主的广阔舞台上,激荡出新的精彩共鸣。

3月6日下午,北京友谊宾馆友谊宫聚英厅内,灯光璀璨,暖意融融,热烈的掌声回响。

"把保障人民健康放在优先发展的战略位置,坚持基本医疗卫生事业的公益性"。

"着力构建优质均衡的基本公共教育服务体系,建设高质量教育体系,办好人民满意的教育"……

习近平总书记亲切看望参加政协会议的医药卫生界、教育界委员,并参加联组会。睿智而暖心的话语指明方向、鼓舞人心。

特殊的历史方位和发展节点,标定此次大会的时代坐标——

在疫情防控取得重大战略成果、全面建成小康社会取得伟大历史性成就、决战脱贫攻坚取得全面胜利之际,贯彻落实中共中央大政方针和决策部署,进一步做好建言资政和凝聚共识工作,人民政协重任在肩。

此次大会上,协商建言、共谋发展的场景时时显现——

"围绕党和国家事业发展大局谏诤言,出实招,是我们的职责使命。"脱贫攻坚和金融发展,是来自湖南的王国海委员一直关注的两大主题。今年,他围绕巩固拓展脱贫攻坚成果等提交提案,并广泛听取意见,努力将提案做准做实。

"这些提案都是在第一线实践创新中遇到并总结出来的。"南存辉委员这次准备了促进清洁能源发展等17份提案。他表示,政协委员要为中国发展赢得未来积极发声。

审议全国政协常委会工作报告和提案工作情况报告,讨论政府工作报告、计划报告、预算报告、"十四五"规划和2035年远景目标纲要草案、

"两高"工作报告……安排紧凑，任务密集。

张占斌委员深有感触地说，要牢记习近平总书记的嘱托，坚持团结和民主两大主题，知责于心、担责于身、履责于行，把这次大会开好，展现政协委员的使命担当。

24 名委员走上讲台作大会发言，众多委员亮相"委员通道"，小组讨论时互动热烈、智慧迸发，界别协商中聚焦热点、直面难点……协商民主的舞台上，工作在有效推进——

3 月 7 日下午，民革界别协商会议，围绕"新就业形态劳动者服务保障"的一场讨论正在进行。

"新就业形态从业者面临就业不稳定、收入水平低、职业伤害等风险""很多平台都不和劳动者签订劳动协议，劳动者权益得不到保障"……

委员们举事例、摆数据、提建议。前来参会的相关部门负责人连连点头，手中的笔始终没有停下。

人社部副部长汤涛现场表示，委员们的发言很有深度，很有见地，希望能把发言材料带回去，"这对我们的工作会很有帮助"。

商以求同，协以成事，不断丰富社会主义协商民主的制度化实践——

会议期间，中央领导同志到现场听取大会发言，参加委员联组讨论；国务院组成部门负责同志到现场或通过视频方式听取大会发言；中央和国家机关有关部门负责同志参加 7 场界别协商会议；委员书面发言质量更高，覆盖全部 34 个界别，广泛涉及经济发展、科技创新、民生保障、文化繁荣、生态文明建设等各个领域……

"我们要始终做到既政治过硬，又本领高强，建可行之言、献管用之计，为全面建设社会主义现代化国家提供更加强大的思想智力支持。"宋治平委员说。

2021 年，是中国共产党成立 100 周年，是实施"十四五"规划、开启全面建设社会主义现代化国家新征程的第一年。

围绕规划纲要草案，广大政协委员观大势、谋大局、思良方，团结奋进向未来的信心愈发坚定。

（资料来源：邹伟、林晖、丁小溪等《共启春天里的新征程——全国政协十三届四次会议巡礼》，见新华网，https://baijiahao.baidu.com/s?id = 1693775637668670904&wfr = spider&for = pc。）

思考题

1. 如何理解发展社会主义协商民主对我国社会主义民主政治建设的重要意义?

2. 怎样推动社会主义协商民主广泛、多层、制度化发展?

3. 如何理解人民政协是社会主义协商民主的重要渠道和专门协商机构?

第四章　贯彻党的民族和宗教政策

　　要全面贯彻党的民族政策，高举各民族大团结旗帜，引导各族群众增强对伟大祖国、中华民族、中华文化、中国共产党、中国特色社会主义的认同，像爱护自己的眼睛一样爱护民族团结，像珍视自己的生命一样珍视民族团结，像石榴籽那样紧紧抱在一起。要持续开展好"民族团结一家亲"和民族团结联谊活动，把民族团结落实到日常生活工作学习中，贯穿到学校教育、家庭教育、社会教育各环节各方面，让民族团结之花常开长盛。

　　　　　　——《习近平关于社会主义政治建设论述摘编》，第 172 – 173 页

　　我国是统一的多民族国家，民族团结是各族人民的生命线。加强民族团结，根本在于坚持和完善民族区域自治制度。要高举各民族大团结旗帜，全面贯彻党的民族政策，使民族区域自治制度这一理论根源越扎越深、实践根基越打越牢。今天中国取得的令世人瞩目的发展成就，更是全国各族人民同心同德、同心同向努力的结果。中国人民从亲身经历中深刻认识到，团结就是力量，团结才能前进，一个四分五裂的国家不可能发展进步。只要 14 亿多中国人民始终发扬这种伟大团结精神，就一定能够形成勇往直前、无坚不摧的强大力量！

第一节　民族团结是我国各族人民的生命线

　　我国是统一的多民族国家。中华民族和各民族的关系，是一个大家庭和家庭成员的关系。多民族的大一统，各民族多元一体，是老祖宗留给我们的一笔重要财富，也是我们国家的重要优势。处理好民族问题、做好民

族工作是关系祖国统一和边疆巩固的大事，是关系民族团结和社会稳定的大事。[①] 要坚持在中国共产党领导下，坚持中国特色社会主义道路，坚持维护祖国统一，坚持各民族一律平等，坚持和完善民族区域自治制度。

一、坚持和完善中国特色的民族区域自治制度

（一）中国的国情决定了中国的民族区域自治制度

我国自古以来就是一个多民族的国家。中国共产党自成立以后，非常重视民族问题。随着共产党执政方略的日益成熟，对中国国情认识的不断深化，逐步明确提出了符合我国国情的民族区域自治，作为解决中国民族问题的基本政策。民族区域自治是中国共产党根据马克思主义关于民族问题的基本原理，结合中国的实际，把民族自治和区域自治结合起来，体现了各民族平等联合的原则，是我国的一项基本政策和重要的政治制度。

民族区域自治是在国家统一领导下，各少数民族聚居的地方实行区域自治，设立自治机关，行使自治权。实行民族区域自治，体现了国家充分尊重和保障各少数民族管理本民族内部事务权利的精神，体现了国家坚持实行各民族平等、团结和共同繁荣的原则。这是中国共产党在探索解决我国民族问题的过程中，结合中国的特殊国情，确立和实行的民族区域自治制度，这是尊重历史、合乎国情、顺应民心的正确选择。

从历史来看，我国的政治制度长期存在的最主要的特征就是它的统一性和中央集权。新中国成立后建立民族区域自治制，保证了国家的统一，符合我国的历史传统，符合我国各民族人民的根本利益。从现实来看，我国有 56 个民族，汉族人口多，少数民族人口少，经济文化相对落后，汉族和少数民族地区存在着很强的互补性，这种情况决定了汉族和少数民族只有在统一国家内团结互助，通力合作，才能得到共同的发展。我国民族关系的这一特点，决定了各民族合则两利，分则两害。只有在统一国家中采用民族区域自治的形式，才能适应并促进民族关系的发展，这都是由中国的国情决定的。

---

① 参见中共中央宣传部编《习近平新时代中国特色社会主义思想学习纲要》，学习出版社、人民出版社 2019 年版，第 132 页。

（二）坚持和完善民族区域自治制度的原则

1. 坚持党的领导，凝聚民族团结

民族工作能不能做好，最根本的一条是党的领导是不是坚强有力。中国共产党的领导是民族工作成功的根本保证，也是各民族大团结的根本保证。没有坚强有力的政治领导，一个多民族国家要实现团结统一是不可想象的。只要我们牢牢坚持中国共产党的领导，就没有任何人、任何政治势力可以挑拨我们的民族关系，我们的民族团结统一在政治上就有充分保障。这一点，各民族的同志都要牢记在心。[①] 民族区域自治是中国共产党解决我国民族问题的基本政策，只有坚持中国共产党的领导，才能坚持和完善民族区域自治制度。新中国成立以来，我们党制定、实施和完善了一系列政治制度，包括实行人民代表大会制度，真正实现了人民当家作主；实行党领导的多党合作和政治协商制度，实现了与各民主党派的长期共存、互相监督、肝胆相照、荣辱与共；实行民族区域自治制度，促进了民族地区的繁荣发展。这些制度和措施，有效促进了国家统一和民族团结。我们党是真正能够实现国家统一、民族团结的党。这是近代以来任何一个政党或政治力量都没有也不可能做到的。各族人民只有在中国共产党的领导下，才会有光明灿烂的前途。

2. 贯彻民族区域自治法，畅通民族区域自治权

民族区域自治法是保障民族区域自治制度的一项基本法，集中体现了党的民族政策，体现了各族人民的共同意志，是坚持和完善民族区域自治制度的法律保障。但是受社会条件、历史传统、各级领导干部的思想认识、公民文化素质等方面原因的影响，贯彻落实民族区域自治法的任务仍很艰巨。因此，要大力加强民族区域自治法的学习、宣传、教育，增强各族干部群众特别是领导干部执行民族区域自治法的自觉性，使我们的民族工作走向制度化、法律化。同时，在具体的实施过程中，要注意处理好中央与自治地方的关系。民族区域自治制度是依据民主集中制的原则建立起来的，在国家的统一领导下实行民族区域自治，因而，坚持和完善民族区域自治的重要内容是处理好民主和集中的关系、民族自治地方和中央的关系。民族自治地方既要保证党和国家大政方针在本地区的贯彻执行，也要

---

① 参见中共中央文献研究室编《习近平关于社会主义政治建设论述摘编》，中央文献出版社 2017 年版，第 159 页。

从本地实际出发，充分行使好宪法和民族区域自治法赋予的各项自治权利。

二、保障和维护民族大团结

（一）中华民族多元一体是我国发展的巨大优势

我们辽阔的疆域是各民族共同开拓的，我们悠久的历史是各民族共同书写的，我们灿烂的文化是各民族共同创造的，我们伟大的精神是各民族共同培育的。中华民族多元一体是先人们留给我们的丰厚遗产，也是我国发展的巨大优势。

在中华民族多元一体格局中，一体包含多元，多元组成一体，一体离不开多元，多元也离不开一体，一体是主线和方向，多元是要素和动力，两者辩证统一。[①] 正是自古以来我国各民族分布上的交错杂居、文化上的兼收并蓄、经济上的相互依存、情感上的相互亲近，不断巩固着中华民族的多元一体格局。

发挥中华民族多元一体的巨大优势，关键是要不断播撒民族团结的种子。民族团结是我国各族人民的生命线，只有各民族群众将民族团结作为原则和目标，才能汇聚共同奋斗的磅礴力量，全面建设社会主义现代化国家。

不断深化民族团结，需要一步一个脚印地前行，需要我们每一个人努力参与到民族团结一家亲的生动实践当中。我们要始终把维护国家统一和民族团结作为各民族最高利益，共同努力，开拓进取，实现中华民族伟大复兴。

对于我们这样一个统一多民族国家，民族团结就像阳光、空气和水，受益而不觉，失之则难存。民族团结是我国各族人民的生命线，是基于对古今中外正反两方面的情况作出深刻剖析后得出的重要论断，也是对当前我国民族团结进步事业面临新形势作出正确判断后发出的重要警示。

任何一个国家，如果没有社会的安定团结，什么事情都办不成，经济

---

① 参见中共中央文献研究室编《习近平关于社会主义政治建设论述摘编》，中央文献出版社 2017 年版，第 150 页。

建设和社会发展更无从谈起。新中国成立后，我们在前进过程中也遇到不少来自国内国外的困难和风险，但我们都顶住了，其中很重要的一个原因，就是我国 56 个民族始终同心同德、紧密团结。

在我国，民族大团结既有强大的历史纽带，也有牢固的现实基础。我们要始终牢记：只有团结稳定，才能巩固改革发展的丰硕成果，才能保护和谐安定的大好局面，才能维护各族群众来之不易的幸福生活。团结就是生命，团结就是力量，团结就是希望，团结就是胜利。

实践证明，着眼于长治久安的发展是民族地区社会稳定的重要保障。在新的国内外形势和经济社会改革发展大势下，继续做好民族地区工作，谋长远之策、行固本之举、建久安之势、成长治之业，各有关地区和部门任重道远。

要实现团结和谐、繁荣富裕、文明进步、安居乐业，就必须增强各民族的文化认同。文化认同是民族团结之根，民族和睦之魂。要全面贯彻党的民族政策，高举各民族大团结旗帜，引导各族群众增强对伟大祖国、中华民族、中华文化、中国共产党、中国特色社会主义的认同，像爱护自己的眼睛一样爱护民族团结，像珍视自己的生命一样珍视民族团结，像石榴籽那样紧紧抱在一起。

【拓展阅读】

同升一面旗 共爱一个家
——全国民族团结进步模范个人沙勒克江·依明
与国旗护卫队交流互动侧记

6 月 1 日早上，天安门广场，从 3000 多公里外的新疆塔城来到首都北京参加升旗仪式，沙勒克江·依明一家掩饰不住内心的兴奋。

今年 75 岁的沙勒克江·依明是新疆塔城市新城街道哈尔墩社区的维吾尔族居民，从 2009 年开始，他坚持在自家小院升国旗，一年四季从未间断。如今，参加他家升旗仪式的人越来越多，其中不乏附近的汉族、维吾尔族、哈萨克族居民。小院不仅是培育良好家风的舞台，也成了增进民族团结的阵地、爱国教育的讲台。如今，沙勒克江·依明带着儿子和孙子来到北京，与解放军仪仗大队国旗护卫队一起交流互动。

在国旗护卫队荣誉室里，国旗护卫队队员袁晋爽为远道而来的客人们讲解起一面面特殊的国旗和旗帜背后的动人故事。鲜艳的五星红旗见证了"国旗卫士"们的成长历程，而对沙勒克江·依明来说，国旗情怀也早已融入他的升旗生涯。沙勒克江·依明不仅向官兵们学习升旗动作，还与官兵们一同开展爱国主义教育和民族团结宣讲，用质朴的语言、身边的典型事迹和自己的切身感悟，讲述民族团结一家亲的感人故事。"我们要坚定听党话、跟党走，做好民族团结工作，为新时代做出更大的贡献。"沙勒克江·依明说。

"听沙勒克江老人讲了他们的升旗故事，我备受鼓舞。对我们而言，每一次升旗、每一个哨位，都是我们的战场。我们守护的是国旗，升腾的是中华儿女心中的信仰。"袁晋爽说。

解放军仪仗大队教导员孔德玺说："沙勒克江·依明老人一家虽远在边疆，却始终心系国旗、关心国防建设。他们的感人事迹激励全体官兵坚定理想信念，牢记初心使命，更好地肩负起护卫国旗的神圣职责。"

这次来北京，沙勒克江·依明还带来了新疆人民的礼物：维吾尔族特色花帽，哈萨克族手工挂毯，和来自塔城市第二小学师生共同创作的卷轴画。临别之际，沙勒克江·依明老人的两个孙子将卷轴画送给国旗护卫队官兵，说这是他们度过的最有意义的"六一"儿童节。

无论是身处天安门广场的国旗护卫队官兵，还是坚守西北边陲的沙勒克江·依明老人，每一名国旗守护者，都将对国旗和祖国的热爱融入血脉，用行动护卫国旗形象，用心守卫国旗尊严。"这次活动汇聚起天山南北各族群众深厚的爱党、爱国情怀，激发各族群众感党恩、听党话、跟党走的蓬勃力量。"塔城地委新闻中心办公室主任鲁飞说。

（资料来源：杨昊、邱婧《同升一面旗 共爱一个家》，载《人民日报》2021年6月2日第14版。）

（二）推进民族团结进步事业

坚持党的领导，团结带领各族人民坚定走中国特色社会主义道路。实践证明，只有中国共产党才能实现中华民族的大团结，只有中国特色社会主义才能凝聚各民族、发展各民族、繁荣各民族。我们要坚持党的领导，不忘初心、牢记使命，坚持走中国特色解决民族问题的正确道路，坚持和完善民族区域自治制度，加强党的民族理论和民族政策学习以及民族团结教育，以铸牢中华民族共同体意识为主线做好各项工作，把各族干部群众的思想和行动统一到党中央决策部署上来，不断增强各族群众对伟大祖国、中华民族、中华文化、中国共产党、中国特色社会主义的认同。

把各族人民对美好生活的向往作为奋斗目标，确保少数民族和民族地区同全国一道实现全面小康和现代化。中华民族是一个大家庭，一家人都要过上好日子。没有民族地区的全面小康和现代化，就没有全国的全面小康和现代化。我们要加快少数民族和民族地区发展，推进基本公共服务均等化，提高把"绿水青山"转变为"金山银山"的能力，让改革发展成果更多更公平惠及各族人民，不断增强各族人民的获得感、幸福感、安全感。要完善差别化的区域政策，优化转移支付和对口支援机制，实施好促进民族地区和人口较少民族发展、兴边富民行动等规划，谋划好"十四五"时期少数民族和民族地区发展，让各族人民共创美好未来、共享中华民族新的光荣和梦想。

要坚持以人民为中心的发展思想，推动巩固拓展脱贫攻坚成果同全面推进乡村振兴有效衔接，更加聚焦群众普遍关注的民生问题，办好就业、教育、社保、医疗、养老、托幼、住房等民生实事，一件一件抓落实，让各族群众的获得感成色更足、幸福感更可持续、安全感更有保障。要加强边境基础设施建设，鼓励各族群众扎根边陲、守护国土、建设家乡。

加强民族团结，要坚决反对大汉族主义和狭隘民族主义。反对"两种主义"的问题，从共同纲领到现行宪法都作了规定。大汉族主义要不得，狭隘民族主义也要不得，它们都是民族团结的大敌。大汉族主义错误发展下去容易产生民族歧视，狭隘民族主义错误发展下去容易滋生离心倾向，最终都会造成民族隔阂和对立，严重的还会被敌对势力利用。当然，人民内部、同志之间真正能上升到主义层面的分歧并不多，要防止无限上纲上线，把"两种主义"变成内耗工具。要各去所偏、归于一是，引导各族干部群众自觉维护国家最高利益和民族团结大局。

用法律来保障民族团结。法令行则国治，法令弛则国乱。只有树立对法律的信仰，各族群众自觉按法律办事，民族团结才有保障，民族关系才会牢固。涉及民族因素的矛盾和问题，有不少是由于群众不懂法或者不守法酿成的。这些矛盾和问题，虽然带着"民族"字样，但不都是民族问题。要增强各族群众法律意识，懂得法律面前人人平等，谁都没有超越法律的特权。要严格区分两类不同性质的矛盾，是什么问题就按什么问题处置。不能因为当事人身份证上写着"某某民族"就犯嘀咕、绕着走，处理起来进退失据。对极少数蓄意挑拨民族关系、破坏民族团结的犯罪分子，对搞民族分裂和暴恐活动的犯罪分子，不论什么民族出身、信仰哪种宗教，都要坚决依法打击。①

要坚持把民族团结进步宣传教育与社会主义核心价值观教育、爱国主义教育、反分裂斗争教育和马克思主义国家观、历史观、民族观、文化观、宗教观教育结合起来，多谋长久之策，多行固本之举。要加强民族交往交流交融，不断增强各族群众对伟大祖国、中华民族、中华文化、中国共产党、中国特色社会主义的认同，打牢民族团结的思想基础。

第二节　发展是解决民族问题的总钥匙

发展是解决民族地区各种问题的总钥匙。关键是实现什么样的发展？安民可与为义，而危民易与为非。要多办一些顺民意、惠民生的实事，多解决一些各族群众牵肠挂肚的问题。② 对口支援的项目和资金，不能用钱砸形象，而是要着力提供基本公共服务和改善民生。就业是社会稳定的重要保障。一个人没有就业，就无法融入社会，也难以增强对国家和社会的认同。失业的人多了，社会稳定就面临很大危险。有的民族地区就业问题突出，必须坚持就业第一，增强就业能力，拓宽就业渠道，扩大就业容量，切实把这个民生头等大事抓好。民族地区发展二、三产业，开发项目、建设重点工程，无论谁投资，都要注重增加当地群众就业、促进当地群众增收。要积极创造条件，千方百计加快少数民族和民族地区经济社会发展，多办一些顺民意、惠民生的实事，多解决一些各族群众牵肠挂肚的问题，促进各民族共同繁荣发展。

---

① 参见中共中央文献研究室编《习近平关于社会主义政治建设论述摘编》，中央文献出版社 2017 年版，第 154 页。

② 参见中共中央文献研究室编《习近平关于社会主义政治建设论述摘编》，中央文献出版社 2017 年版，第 156 页。

一、以高质量发展促进民族区域繁荣和谐

邓小平同志曾经指出："实行民族区域自治，不把经济搞好，那个自治就是空的。"① 各民族团结稳定、繁荣发展的大好局面，是各族人民共同缔造的，在中国特色社会主义进入新时代，迈向新征程的时期，我们决不能有任何喘口气、歇歇脚的想法，必须牢牢攥紧发展这把"总钥匙"。我们要解决基础设施瓶颈突出、公共服务欠账较多、民生保障存在短板、社会治理还有弱项等现实问题，持续关切、解决好各族群众的急难愁盼，增强各民族共同团结奋斗、共同繁荣发展的感召力和说服力；我们要推动"两个文明"协调发展，既要"管肚子"、更要"管脑子"，促进各族人民物质生活和精神生活双丰收；我们要找准把握新发展阶段、贯彻新发展理念、构建新发展格局、促进共同富裕的切入点和发力点，坚定不移走以生态优先、绿色发展为导向的高质量发展新路子；我们要准确把握民族地区在服务和融入新发展格局中的比较优势，提高把"绿水青山"转变为"金山银山"的能力，走出一条高质量发展之路。

二、抓好少数民族干部，实现民族地区跨越式发展

做好民族工作，少数民族干部是重要桥梁和纽带。许多事情他们去办，少数民族群众更容易接受；关键时刻他们出面，效果会更好。现在，少数民族干部数量上来了，但结构不尽合理，政工型干部偏多，专业技能型干部偏少，具有适应市场经济和复杂环境能力的干部少，梯队不完备、急用现找现象突出，怎么办？就要坚持德才兼备原则，大力培养选拔。对政治过硬、敢于担当的优秀少数民族干部要大胆选用，放到重要领导岗位上来，让他们当主官、挑大梁，还可以交流到内地、中央和国家机关任职。内地一些少数民族群众多的地方，也可以派一些民族地区的少数民族干部来，一方面协助管理，另一方面也是培养锻炼。中央和国家机关要选拔任用少数民族干部。要有总体规划，一茬一茬，一拨一拨，形成结构合

① 《邓小平文选》（第一卷），人民出版社1994年版，第167页。

理的梯队，不能等到岗位空缺了再急于找人。①

特别是少数民族代表人士，有的是历史形成的，有的是时势造就的，在群众中影响大，一定要将他们团结在我们身边，做到政治上尊重、工作上关心、生活上关照，发挥好他们咨政建言、协调关系、引导群众、化解矛盾的作用。少数民族知识分子是一个较大的群体，包括学术、文化、艺术、技术、宗教等各个领域，他们思想活跃、能量不小，要纳入工作视野、加强引导，发挥他们的积极作用。领导干部特别是高级干部要多同少数民族代表人士和知识分子交朋友，平时多走动、多沟通、多了解信息，关键时刻就能发挥关键作用。这项工作要当成一件大事急事，赶快抓起来。②

"麻绳最容易从细处断。"各族群众对党和政府最直观的感受来自身边的党员、干部，来自常打交道的基层组织和基层政权。民族地区要重视基层党组织建设，使之成为富裕一方、团结一方、安定一方的坚强战斗堡垒，使每一名党员都成为维护团结稳定、促进共同富裕的一面旗帜。偏远民族地区要把工作着力点放到乡村一级，选派精兵强将，配强乡镇党政领导班子和村级党组织主要负责人。对软弱涣散的基层组织要及时整顿。各类资源配置要向基层和基础工作领域倾斜，确保基层党组织和广大干部有资源、有能力为群众服务，③ 奋力实现少数民族地区的跨越式发展。

---

① 参见中共中央文献研究室编《习近平关于社会主义政治建设论述摘编》，中央文献出版社2017年版，第160页。

② 参见中共中央文献研究室编《习近平关于社会主义政治建设论述摘编》，中央文献出版社2017年版，第158页。

③ 中共中央文献研究室编：《习近平关于社会主义政治建设论述摘编》，中央文献出版社2017年版，第161页。

【拓展阅读】

永远的"帕米尔雄鹰"——追记塔吉克族护边员拉齐尼·巴依卡

一、义无反顾入水救人

1月4日中午，正在喀什大学参加培训的拉齐尼·巴依卡，正准备去餐厅吃饭。突然，一阵急促的呼救声传来。循着声音，他急奔过去，得知一个小孩在人工湖冰面玩耍时，因冰面突然断裂陷入冰窟，无助的母亲正在湖边哭喊求助。

情况危急，拉齐尼·巴依卡来不及细想，直奔孩子落水的冰面。在施救的过程中，冰面突然坍塌，拉齐尼·巴依卡和孩子的母亲也跌入水中。

拉齐尼·巴依卡潜入冰冷的湖水中，终于找到了孩子，并奋力举起双手，拼尽全身力气把孩子托出水面。而后，他又潜入湖水救孩子的母亲。此时，一同赶往湖边救人的舍友也跳进冰冷的湖水中一起施救，闻讯赶来的人们也纷纷参与救援……

10多分钟后，孩子和他的母亲成功获救，但拉齐尼·巴依卡却再也没有从水中上来，生命永远定格在了41岁。

二、祖孙三代接力守边

"这辈子要一直做一名不穿军装的边防战士，永远守好祖国的边境线……"这是拉齐尼生前常说的一句话。他们一家三代为国戍边的故事在天山南北传扬。

1949年12月，中国人民解放军红其拉甫边防连在帕米尔高原上成立。雪崩、滑坡和泥石流等自然灾害在这里是家常便饭。

如果没有经验丰富的向导，巡逻队将寸步难行。拉齐尼的爷爷凯力迪别克·迪力达尔自告奋勇担任向导，并主动和边防军人一起护边。拉齐尼一家三代接力守边的故事由此拉开序幕。

1972年，凯力迪别克走不动了，就把义务向导的接力棒交给了儿子巴依卡。

在爷爷和父亲的影响下，拉齐尼从小就和边防官兵结下深厚的情谊。

从那时起，他立下了成为一名优秀护边员的坚定志向。

2004年，刚从部队退伍的拉齐尼，毅然接过父亲手中的鞭子，和边防战士一起骑着牦牛行走在千里边防线上，成为一个不穿军装的边防军人。这一年，25岁的拉齐尼光荣加入中国共产党。

"每次边境巡逻，只要拉齐尼在，我们就很安心。"提孜那甫边境派出所副所长阿布都贾米·龙吉克说，"拉齐尼总是走在最前面探路，凭借自己多年的经验，帮助大家化险为夷。"因此，拉齐尼也被边防官兵和当地牧民称为守边护边的"帕米尔雄鹰"。

2011年冬天，巡逻队伍遭到暴风雪袭击。边防战士皮涛在巡逻中突然滑入雪洞，周围冰雪不断塌陷。危急时刻，拉齐尼迅速爬到雪洞旁脱下衣服、打成结、系成绳子，花了两个小时才将皮涛拉出来。皮涛得救了，拉齐尼却被冻得不省人事，被送到医院抢救了3个多小时才挽回了生命。伤势刚好，他就立即回到护边队伍当中。

多年巡逻下来，拉齐尼家的10头牦牛先后累死在巡逻路上，9头牦牛摔伤失去了劳动能力，但他们家从来没要过任何补偿。

"没有祖国的界碑，哪有我们的牛羊。"拉齐尼说，"为国护边是我们家的荣耀。"

三、他的一生短暂而不平凡

2018年，拉齐尼光荣当选为第十三届全国人大代表。3年来，他共提交了12份议案或建议，围绕民生领域建言献策，高质量履行着自己的职责。

以前，塔什库尔干塔吉克自治县辖区范围内的边境线上护边员少、点多面广、防控任务繁重。拉齐尼作为全国人大代表，把相关议案带到北京。他呼吁，适当提高护边员待遇、扩大护边员队伍、加强边境管控，实现护边员队伍"留得住、守得住"。

拉齐尼所提议案得到国家有关部门的重视，不仅使得当地护边员人数增加了、待遇提高了，边境线上的基础设施更是得到很大改善。近年来，边境管控水平的提升彻底改变了"巡边靠走、通信靠吼"的传统巡边方式，也彻底改变了牧民护边员们的生活方式。不仅如此，巡逻线上还建起了执勤房，配备了专业的巡逻车、卫星电话等装备，护边员不再风餐露宿，工作条件得到大幅改善。

"是共产党让我们过上了好日子，如今我也是一名共产党员，更感到为国戍边义不容辞。"凭着对祖国的无限忠诚和满腔热爱，拉齐尼把护边当作自己的终身事业。

2020 年，拉齐尼获得"全国爱国拥军模范"荣誉称号。他说："我是代表每一个在边境线上巡逻的护边员来领取这一份荣誉。""我生活在一个好时代，国家政策好，我们的生活好。我一定会守好边境线，一代一代守下去，让伟大祖国永远平安。"

话犹在耳，噩耗降临。落水儿童的母亲陈女士自责没有管好孩子，因为救自己和孩子，导致这位优秀的护边员牺牲了。

拉齐尼参加培训时的班主任刘居红老师说："每天我走进教室的时候，他都已经把我们的讲桌收拾得干干净净，黑板擦得干干净净。"

噩耗传到帕米尔高原，拉齐尼的妻子正在家里喂牦牛。她含泪回忆道："去喀什培训之前他还在训练家里的 4 头小牦牛，他说等这些牦牛训练好了，家里就能有 5 头牦牛参加巡边任务了。"

连日来，社会各界以不同方式悼念拉齐尼·巴依卡。喀什各族干部群众的微信朋友圈都传播着他的英雄事迹，文学艺术界人士纷纷以书法、诗歌和散文纪念他短暂而不平凡的一生。

拉齐尼昔日的同事们创作了一首诗歌，纪念远去的"雄鹰"：帕米尔的晨曦是您飞翔的起点，慕士塔格顶峰是您驻足的地方，云端守边的帕米尔雄鹰啊，请带着我们的思念，继续展翅翱翔……

（资料来源：杨明方、王志恒、丁磊《永远的"帕米尔雄鹰"》，载《人民日报》2021 年 1 月 21 日第 16 版。）

三、以争取人心为根本，坚定不移改善民族地区民生保障

以争取人心为根本，坚定不移保障和改善民生。人心是最大的政治，凝聚力量首先要凝聚人心。做好民族工作，最根本、最长远的是民族团结，最管用、最有效的是争取人心。

赢得人心，关键是要心系群众、坚持以民为本，多办顺民意、惠民生的实事，多解决一些各族群众牵肠挂肚的问题，以保障和改善民生的实际

成效，求得万众一心的最大公约数，形成民族团结进步的最强凝聚力。要坚持解决好就业、教育、卫生、社会保障和生态环境保护等人民群众最关心的现实问题，努力让各族群众享有更好的教育、更可靠的社会保障、更高水平的医疗服务、更舒适的居住条件、更优美的环境，能有更稳定的工作、更满意的收入，过上更加幸福美好的生活。

在日益扩大的民族交往中，各民族群众有一点小磕小碰都是难免的，处理起来要坚持具体问题具体分析。发生一些事件后，是什么事就说什么事，该依什么法就依什么法，不能眉毛胡子一把抓，统统往民族问题上靠。内地在维稳工作中要注意工作方法，严格执行民族政策，切忌把一个民族整体作为防范对象，那种简单化、伤害民族感情的做法只能是为渊驱鱼、为丛驱雀，效果适得其反。

第三节　积极引导宗教与社会主义社会相适应

宗教问题始终是我们党治国理政必须处理好的重大问题，宗教工作在党和国家工作全局中具有特殊重要性，关系中国特色社会主义事业发展，关系党同人民群众的血肉联系，关系社会和谐、民族团结，关系国家安全和祖国统一。我国宗教工作形势总体是好的，党的宗教工作基本方针得到了贯彻，党同宗教界的爱国统一战线不断巩固，宗教工作法治化明显加强，宗教活动总体平稳有序。实践证明，我们党关于宗教问题的理论和方针政策是正确的。

一、坚持党对宗教工作的基本方针

做好宗教工作，必须坚持党的宗教工作基本方针，要全面贯彻党的宗教信仰自由政策，依法管理宗教事务，坚持独立自主自办原则，积极引导宗教与社会主义社会相适应。党的宗教工作基本方针是我们党坚持马克思主义宗教观，从我国国情和宗教具体实际出发，汲取正反两方面经验制定出来的。实行宗教信仰自由政策，出发点和落脚点是要最大限度把广大信教和不信教群众团结起来。积极引导宗教与社会主义社会相适应，是要引导信教群众热爱祖国、热爱人民，维护祖国统一，维护中华民族大团结，服从服务于国家最高利益和中华民族整体利益；拥护中国共产党领导、拥护社会主义制度，坚持走中国特色社会主义道路；积极践行社会主义核心价值观，弘扬中华文化，努力把宗教教义同中华文化相融合；遵守国家法律法规，自觉接受国家依法管理；投身改革开放和社会主义现代化建设，为实现中华民族伟大复兴的中国梦贡献力量。

【拓展阅读】

《宗教教职人员管理办法》

2021 年 2 月 9 日，国家宗教事务局公布《宗教教职人员管理办法》，该办法将于 2021 年 5 月 1 日起施行。

办法共七章五十二条，规定宗教教职人员的权利和义务，规范宗教教职人员行为，明确宗教教职人员权利救济渠道；规范宗教教职人员、宗教活动场所主要教职的备案，加强宗教教职人员证书的管理；规定宗教事务部门依法对宗教教职人员进行行政管理，保护宗教教职人员的合法权益；明确宗教团体、宗教院校、宗教活动场所在教育、培养、管理宗教教职人员方面的职责；强调加强宗教教职人员信息化管理。

国家宗教事务局有关负责人表示，办法的公布施行，对于深入贯彻落实《宗教事务条例》，规范宗教教职人员管理，加强宗教人才队伍建设，推进我国宗教中国化具有重要意义。

（资料来源：《〈宗教教职人员管理办法〉公布，今年 5 月 1 日起施行》，见新华网，https://baijiahao.baidu.com/s?id=1691212244568151086&wfr=spider&for=pc。）

二、构建积极健康的宗教关系

宗教与所处社会相适应，是我国宗教健康传承的必然要求。中国宗教走与社会主义社会相适应道路，是我国宗教传承弘扬的根本方向。始终坚持中国宗教与社会主义社会相适应，需要构建积极健康的宗教关系，依法管理宗教事务，积极引导信教群众在政治上增进对社会主义制度的认同。

一是要构建积极健康的宗教关系。在我国，宗教关系包括党和政府与宗教、社会与宗教、国内不同宗教、我国宗教与外国宗教、信教群众与不信教群众的关系。促进宗教关系和谐，这些关系都要处理好。处理我国宗教关系，必须牢牢把握坚持党的领导、巩固党的执政地位、强化党的执政基础这个根本，必须坚持政教分离，坚持宗教不得干预行政、司法、教育等国家职能实施，坚持政府依法对涉及国家利益和社会公共利益的宗教事务进行管理。二是要提高宗教工作法治化水平，用法律规范政府管理宗教事务的行为，用法律调节涉及宗教的各种社会关系。三是要保护广大信教群众合法权益，深入开展法治宣传教育，教育引导广大信教群众正确认识和处理国法与教规的关系，提高法治观念。

三、运用正确的工作方法积极引导宗教与社会主义社会相适应

做好新形势下宗教工作，就要坚持用马克思主义立场、观点、方法认识和对待宗教，遵循宗教和宗教工作规律，深入研究和妥善处理宗教领域各种问题，结合我国宗教发展变化和宗教工作实际，不断丰富和发展中国特色社会主义宗教理论，用以更好指导我国宗教工作实践。积极引导宗教与社会主义社会相适应，一个重要的任务就是支持我国宗教坚持中国化方向。要用社会主义核心价值观来引领和教育宗教界人士与信教群众，弘扬中华民族优良传统，用团结进步、和平宽容等观念引导广大信教群众，支持各宗教在保持基本信仰、核心教义、礼仪制度的同时，深入挖掘教义教规中有利于社会和谐、时代进步、健康文明的内容，对教规教义作出符合当代中国发展进步要求、符合中华优秀传统文化的阐释。

新形势下，宗教工作范围广、任务重，既要全面推进，也要重点突破。要结合各宗教情况，抓住主要矛盾，解决突出问题，以做好重点工作推进全局工作。各级党委要提高处理宗教问题能力，把宗教工作纳入重要议事日程，及时研究宗教工作中的重要问题，推动落实宗教工作决策部署。要加强对党关于宗教问题的理论和方针政策的学习，加强对宗教基本

知识的学习，把党关于宗教问题的理论和方针政策纳入干部教育培训计划，使各级干部尽可能多地掌握宗教问题的理论和方针政策。要建立健全强有力的领导机制，做好对宗教工作的引领、规划、指导和督查。统战部门要负起牵头协调责任，宗教工作部门要担负起依法管理责任，各有关部门及工会、共青团、妇联、科协等人民团体要齐抓共管，共同做好宗教工作。要广泛宣传党关于宗教问题的理论和方针政策，宣传宗教相关法律法规，加强宗教方面宣传舆论引导。党的基层组织特别是宗教工作任务重的地方基层组织，要切实做好宗教工作，加强对信教群众的工作。共产党员要做坚定的马克思主义无神论者，严守党章规定，坚定理想信念，牢记党的宗旨，绝不能在宗教中寻找自己的价值和信念。要加强对青少年的科学世界观宣传教育，引导他们相信科学、学习科学、传播科学，树立正确的世界观、人生观、价值观。

【拓展阅读】

坚持我国宗教中国化方向 积极引导宗教与
社会主义社会相适应

2021 年 12 月 3 日至 4 日在北京召开全国宗教工作会议。中共中央总书记、国家主席、中央军委主席习近平强调要全面贯彻新时代党的宗教工作理论，全面贯彻党的宗教工作基本方针，全面贯彻党的宗教信仰自由政策，坚持我国宗教中国化方向，积极引导宗教与社会主义社会相适应，提高宗教界自我管理水平，提高宗教事务治理法治化水平，努力开创宗教工作新局面，更好组织和引导信教群众同广大人民群众一道为全面建成社会主义现代化强国、实现中华民族伟大复兴的中国梦而团结奋斗。

习近平在讲话中指出，党的十八大以来，党中央高度重视宗教工作。各级党委贯彻落实党中央决策部署，党的宗教工作创新推进，取得积极成效。贯彻党的宗教工作基本方针更加全面，宗教工作体制机制进一步完善，宗教工作法律体系和政策框架日益健全，宗教界人士和信教群众尊法学法守法用法意识不断增强，推进我国宗教中国化逐步深入。宗教界弘扬爱国精神，讲大局、讲法治、讲科学、讲爱心，不断增进对伟大祖国、中华民族、中华文化、中国共产党、中国特色社会主义的认同。

习近平强调，党的十八大以来，党中央提出一系列关于宗教工作的新理念新举措，回答了新时代怎样认识宗教、怎样处理宗教问题、怎样做好党的宗教工作等重大理论和实践问题。必须深刻认识做好宗教工作在党和国家工作全局中的重要性，必须建立健全强有力的领导机制，必须坚持和发展中国特色社会主义宗教理论，必须坚持党的宗教工作基本方针，必须坚持我国宗教中国化方向，必须坚持把广大信教群众团结在党和政府周围，必须构建积极健康的宗教关系，必须支持宗教团体加强自身建设，必须提高宗教工作法治化水平。

习近平指出，要完整、准确、全面贯彻党的宗教信仰自由政策，尊重群众宗教信仰，依法管理宗教事务，坚持独立自主自办原则，积极引导宗教与社会主义社会相适应。党的宗教工作的本质是群众工作。信教群众和不信教群众在政治上经济上的根本利益是一致的，都是党执政的群众基础。既要保护信教群众宗教信仰自由权利，最大限度团结信教群众，也要耐心细致做信教群众工作。宗教团体是党和政府团结、联系宗教界人士和广大信教群众的桥梁和纽带，要为他们开展工作提供必要的支持和帮助，尊重和发挥他们在宗教内部事务中的作用。

习近平强调，要深入推进我国宗教中国化，引导和支持我国宗教以社会主义核心价值观为引领，增进宗教界人士和信教群众对伟大祖国、中华民族、中华文化、中国共产党、中国特色社会主义的认同。要在宗教界开展爱国主义、集体主义、社会主义教育，有针对性地加强党史、新中国史、改革开放史、社会主义发展史教育，引导宗教界人士和信教群众培育和践行社会主义核心价值观，弘扬中华文化。要坚持总体国家安全观，坚持独立自主自办原则，统筹推进相关工作。要加强互联网宗教事务管理。要切实解决影响我国宗教健康传承的突出问题。

习近平指出，要支持引导宗教界加强自我教育、自我管理、自我约束，全面从严治教，带头守法遵规、提升宗教修为。要加强宗教团体自身建设，完善领导班子成员的民主监督制度。要全面推进宗教工作法治建设，深入开展法治宣传教育。宗教活动应当在法律法规规定范围内开展，不得损害公民身体健康，不得违背公序良俗，不得干涉教育、司法、行政职能和社会生活。

习近平强调，要培养一支精通马克思主义宗教观、熟悉宗教工作、善于做信教群众工作的党政干部队伍，让他们深入学习马克思主义宗教观、党的宗教工作理论和方针政策、宗教知识，不断提升引导的能力。要培养一支政治上靠得住、宗教上有造诣、品德上能服众、关键时起作用的宗教界代表人士队伍。要培养一支思想政治坚定、坚持马克思主义宗教观、学风优良、善于创新的宗教学研究队伍，加强马克思主义宗教学学科建设。要健全宗教工作体制机制，推动构建党委领导、政府管理、社会协同、宗教自律的宗教事务治理格局。要把握好涉及宗教工作的重大关系，多做打基础、利长远的工作，常抓不懈、久久为功。

（资料来源：《坚持我国宗教中国化方向 积极引导宗教与社会主义社会相适应》，见新华网，http://www.news.cn/mrdx/2021-12/05/c_1310352446.htm。）

思考题

1. 社会主义民族关系形成的基础和条件？
2. 新时代怎样进一步巩固和发展社会主义民族关系？

第五章　健全充满活力的基层群众自治制度

　　要坚持和完善基层群众自治制度，发展基层民主，保障人民依法直接行使民主权利，切实防止出现人民形式上有权、实际上无权的现象。我们要坚持和完善民主集中制的制度和原则，促使各类国家机关提高能力和效率、增进协调和配合，形成治国理政的强大合力，切实防止出现相互掣肘、内耗严重的现象。

　　　　　　　　——《习近平谈治国理政》（第二卷），第290页

　　基层群众自治制度是中国的一项基本政治制度。它是指广大基层群众依照宪法和法律通过基层群众自治组织参与管理国家事务和社会事务，是城市居民和广大农村居民实现自我管理、自我教育、自我服务、自我监督的重要途径。城市和农村按居民居住地区设立的居民委员会和村民委员会是基层群众自治组织。①

第一节　基层群众自治制度是一项具有独特作用的基本政治制度

　　人民依法直接行使民主权利，管理基层公共事务和公益事业，实行自我管理、自我服务、自我教育、自我监督是人民当家作主最有效、最广泛的途径。坚持和完善基层群众自治制度，健全基层群众自治机制，扩大基层群众自治范围，完善民主管理制度，才能把城乡社区建设成为管理有序、服务完善、文明祥和的社会生活共同体。

――――――――――

　　① 参见《习近平谈治国理政》（第一卷），外文出版社2018年版，第19页。

一、基层群众自治制度是发展社会主义民主政治的基础性工程

尊重和引导广大人民政治参与的意愿，建立和完善基层群众自治制度，动员和组织人民依法管理国家事务和社会事务、管理经济和文化事业，是中国特色社会主义民主政治制度在城乡基层的实现途径。通过建立健全基层群众自治组织和民主管理制度，人民群众可以更充分地行使自己的权利，管理自己的事情。人民群众在城乡基层直接行使民主权利，与他们通过各级人民代表大会制度来实现当家作主，这两个层次的人民民主的途径相互补充、相互支持。

中国特色社会主义民主政治制度的根基在基层。通过基层群众自治，由群众自己管理自己的事情，是社会主义民主政治的一项基本内容。加强基层群众自治制度建设是一项强基固本的基础工程。中国特色社会主义的伟大历史进程中，中国共产党不断推进以基层群众自治为重要内容的基层民主，不断推进社会主义民主政治的发展。通过基层群众自治，动员广大人民群众参政议政，促使他们在实践中认识民主，培养民主参与意识，提高民主参与能力，增强民主素质。基层群众自治是实现人民当家作主的重要途径，也是基层民主最广泛的实践。

以宪法为依据、以村（居）民委员会组织法为基础、以政策措施和地方法规为支撑、以村规民约和村（居）自治章程为补充的基层民主实践的法律制度体系基本形成。基层群众自治制度不断完善，社会主义基层民主不断发展，社会主义民主政治建设也更加进步，基层群众自治已经彰显出其制度优势。

【拓展阅读】

《中共中央国务院关于加强基层治理体系和治理能力现代化建设的意见》

意见明确，以习近平新时代中国特色社会主义思想为指导，坚持和加

强党的全面领导，坚持以人民为中心，以增进人民福祉为出发点和落脚点，坚持党对基层治理的全面领导，把党的领导贯穿基层治理全过程、各方面。力争用5年左右时间，建立起党组织统一领导、政府依法履责、各类组织积极协同、群众广泛参与，自治、法治、德治相结合的基层治理体系。在此基础上力争再用10年时间，基本实现基层治理体系和治理能力现代化，中国特色基层治理制度优势充分展现。

意见要求，要完善党全面领导基层治理制度，加强党的基层组织建设，健全基层治理党的领导体制；构建党委领导、党政统筹、简约高效的乡镇（街道）管理体制；完善党建引领的社会参与制度。要加强基层政权治理能力建设，增强乡镇（街道）行政执行能力、为民服务能力、议事协商能力、应急管理能力和平安建设能力。要健全基层群众自治制度，加强村（居）民委员会规范化建设、健全村（居）民自治机制、增强村（社区）组织动员能力、优化村（社区）服务格局。要推进基层法治和德治建设，推进基层治理法治建设、加强思想道德建设、发展公益慈善事业。要加强基层智慧治理能力建设，做好规划建设、整合数据资源、拓展应用场景。要加强组织保障，压实各级党委和政府责任、改进基层考核评价、保障基层治理投入、加强基层治理队伍建设、推进基层治理创新、营造基层治理良好氛围。

（资料来源：《中共中央国务院关于加强基层治理体系和治理能力现代化建设的意见》，载《人民日报》2021年7月12日第1版。）

二、基层群众自治制度体现了选举民主与协商民主的统一

作为最基层的民主制度，基层群众自治制度真实地体现着人民民主的真谛，即人民当家作主。基层群众自治制度是一种深深扎根于广大人民群众的民主制度，是选举民主的典范。直接选举和群众自我教育、自我管理是基层群众自治制度的典型特征。广大人民群众直接选举村（居）民委员会，通过村（居）民委员会反映自己的民主意愿，决定与自身利益相关的事务。由此，广大人民群众能够直接参与基层公共事务和公益事业的管

理，维护自身权益，体现主人翁地位和当家作主的实质。

直接选举现已成为中国基层选举的主要方式。几百万的村（居）民委员会干部由村（居）民直接选举产生。他们离人民群众最近，能够直接听取群众意见、执行群众意志、维护群众利益。直接选举的蓬勃发展，体现了中国共产党和中国人民对人民民主的追求。

基层群众自治制度充分体现了协商民主。城乡社区协商是基层群众自治的生动实践，是社会主义协商民主建设的重要组成部分和有效实现形式。改革开放以来，特别是党的十八大以来，各地基层坚持有事多协商、遇事多协商、做事多协商，有效维护了群众切身利益，促进了社会和谐与文明进步。加强城乡社区协商，有利于解决基层群众的实际困难和问题，化解矛盾纠纷，维护社会和谐稳定；有利于在基层群众中宣传中国共产党和政府的方针政策，努力形成共识，汇聚力量，推动各项政策落实；有利于找到群众意愿和要求的最大公约数，促进基层民主健康发展。

为了充分发挥社会主义制度的优越性，按照协商于民、协商为民的要求，以健全中国共产党的基层组织领导的充满活力的基层群众自治机制为目标，以扩大有序参与、推进信息公开、加强议事协商、强化权力监督为重点，拓宽协商范围和渠道，丰富了协商内容和形式，保障了人民群众享有更多更切实的民主权利。

目前，基层群众自治制度是中国最直接、最广泛、最生动的社会主义民主实践。扎根于国家政治生活、社会生活的实践，突出人民群众的参与性，是基层群众自治制度的鲜明特性。通过基层群众自治制度，广大人民群众从自己身边的事情做起，从广大人民群众最关心的事情入手，发展基层民主。广大人民群众通过亲身参与广泛的民主实践活动，依法创造自己的幸福生活，进一步推进了社会主义民主政治建设的总体进程。

基层群众自治制度把以选举为表现形式的直接民主与以代表制为表现形式的间接民主有机结合起来，充分发挥选举民主和协商民主两种民主形式的优势，形成社会主义民主政治的独特优势，体现了人民民主制度的优越性。①

---

① 参见彭海红《基层群众自治制度体现人民民主实质》，载《红旗文稿》2018 年第 20 期，第 22 页。

三、民主选举、民主决策、民主管理、民主监督直接体现人民民主

基层群众自治的内容包括民主选举、民主决策、民主管理和民主监督。

民主选举，是指村（居）民委员会的主任、副主任、委员均由社区内的村（居）民通过选举产生，任何组织或个人不能指定或者委派。选举必须坚持公平、公正和公开的原则。没有被依法剥夺政治权利的年满18周岁的村（居）民均有选举权和被选举权。候选人由社区内的村（居）民直接提名，并实行差额选举。选举实行无记名投票、公开计票的方法，选举结果当场公布。每届村（居）民委员会成员任期3年，任期届满必须进行换届选举。民主选举是基层群众自治的前提，是使选举真实地反映村（居）民民主意愿的重要前提。

民主决策，是指涉及社区内全体村（居）民切身利益的事项，由村（居）民群众遵照一定的程序进行集体讨论，并按照多数人的意见作出决定。村（居）民会议、村（居）民代表会议是广大人民群众进行民主决策的重要形式和途径。此外，在实践中，广大农民群众创造了村务大事村民公决、划片召开村民会议等方式，广大居民群众创造了网上投票、民主听证、议事协商等方式，有效地保证了决策参与权。民主决策，是基层群众自治的关键性环节。

民主管理，就是凡是涉及社区内村（居）民切身利益的事情，不仅要由村（居）民集体讨论决定，而且村（居）民委员会要充分发扬民主，认真听取村（居）民意见，调动村（居）民积极性参与社区事务管理。对于不同意见者，应坚持说服教育，不得强迫命令，更不能打击报复。实践中，广大村（居）民通过召开会议、制定规约章程、开展议事协商、网上论坛等方式，实现自我管理、自我约束，从而达到自治的目的。民主管理是基层群众自治的根本。

民主监督，是指社区内的村（居）民通过村（居）务公开、民主评议村（居）民委员会干部和村（居）民委员会定期报告工作等形式对村（居）民委员会的工作或者社区内的各项公共事务和公益事业实行监督，以保证民主决策和民主管理的落实。民主监督是基层群众自治的保证。

民主选举、民主决策、民主管理、民主监督四个环节互为支撑、互相配合。每个环节都做好，才能真正实现基层群众自治，体现人民民主。

【拓展阅读】

新疆克拉玛依市胜利路街道长征社区——
党建引领社区治理"大合唱"

新疆克拉玛依市胜利路街道长征社区是老旧小区，房屋老化，老年人较多。长期以来，居民的困难和诉求，主要靠社区党委协调、辖区各单位帮助解决。但由于主体责任不明确，没有形成解决问题的合力。

如何破题？"2019年以来，长征社区整合辖区各单位资源优势，建立区域党建平台，明确各单位职责。各辖区单位积极协助社区做好志愿服务工作，党员每月到社区报到，积极参与社会公益活动，让党建引领社区治理'大合唱'。"克拉玛依市水务公司驻长征社区"访惠聚"（访民情惠民生聚民心）工作队队长、第一书记魏青说。

一、574名党员，常年服务社区居民

在社区服务力量中，党员是不可或缺的部分。

"为更好发挥党员作用，克拉玛依市全面落实辖区单位在职党员'双向报到、双向服务、双向反馈'，激励在职党员利用工作以外的时间积极参与社区建设和服务群众活动。"克拉玛依市委组织部副部长周焕武说。

长征社区将8个辖区单位党组织的574名党员纳入管理，组建了一支党员先锋队，开展政策宣讲、帮难解困、调解纠纷、健康义诊等服务活动。

"党员们总是在居民需要的时候冲锋在前、真情奉献。"魏青说。

二、1个"圆桌会议"，多方合力解决居民诉求

一大早，裹上大衣，拿着本子，长征社区的关玉兰老人就出门了，他说："我是小区联户长，去问问大伙儿最近有啥困难，一并反映给社区干部。"

2019年年初，长征社区党委引导多方力量共同参与社区治理，探索

建立了由居委会、业委会、物业公司和辖区单位共同参与的圆桌会议制度。各方代表面对面地就社区内存在的重点问题寻找破解之道。

关玉兰在会上第一个发言："有居民反映，咱们社区的中学门口，每到上学放学时间交通很拥堵，居民出行不方便。"

"好，咱们今天就商量出个对策！"在魏青的主持下，圆桌会议进行得很顺利。会议结束，办法也随之出炉：社区干部和"访惠聚"工作队队员早晚轮流在校门口维持秩序，物业公司向有关部门申请在学校周边划设临时停车点，学校负责人召开家长会引导家长有序停车……

"自建立以来，长征社区圆桌会议共解决了公共设施维修、扶贫帮困、社区建设、服务群众等方面问题80余件。"魏青说，今年圆桌会议为社区居民办成了不少实事：新疆油田公司勘探开发研究院为社区捐赠办公设备、长征保健站定期到社区开展义诊活动……

辖区单位共商区域发展、共同服务群众、共建美好新家园的社区工作新方式正在逐渐形成，真正做到了居民之忧有人解、居民之难有人帮。

三、5支志愿者队伍，延展服务范围

长征小区60岁以上老人约有570人，占小区总人口1/5。由于很多老人子女不在身边，不时有老人上当受骗。

刘凤华是长征社区"橙色平安长征"志愿者服务队的负责人，经常向老人们宣传防诈骗常识。她每天忙碌的事还有不少：带着队员们去楼栋内巡逻，看看有啥消防隐患；发现小区出现流浪狗，及时告知物业；停车场有车没关车窗，赶紧打电话提醒……"我们要当好社区的宣传员、信息员、服务员和治安员。"刘凤华说。

同样忙碌的，还有"金色炫舞长征"志愿者服务队的负责人陈关根老人。"过些日子，我们合唱队有演出，这段日子在抓紧时间排练呢。"陈关根还介绍，在社区协调下，市文工团对"金色炫舞长征"志愿者服务队进行专业指导，如今社区文化活动四季不断、好戏连台。

社区共有5支志愿者队伍，其他3支分别是"绿色健康长征""红色星火长征""蓝色情暖长征"，各支队伍分别负责公共环境保护、社区服务、困难群众帮扶等工作。

"社区有160位居民参与到志愿者队伍中。我们的志愿者队伍以居民力量为基础、辖区单位力量为骨干、'访惠聚'工作队派出单位力量为支撑。"魏青介绍，长征社区通过对志愿者队伍进行整合、升级，延展了服

务范围和服务内容，增强了区域化党建的影响力。

（资料来源：杨明方、阿尔达克《党建引领社区治理"大合唱"》，载
《人民日报》2020年12月9日第1版。）

第二节　夯实人民群众在基层群众自治中的主体地位

在基层群众自治制度中，自治的主体是广大人民群众。这就决定了基层群众自治不是国家政权层面的地方自治，而是非国家政权层面的社会自治。基层群众自治组织也不属于国家的政权组织体系。民政部是负责基层群众自治工作的政府职能部门。

基层群众自治组织同基层政权的关系是由法律规定的。村民委员会是建立在农村的基层群众性自治组织，不是国家基层政权组织，不是一级政府，也不是乡镇政府的派出机构。《中华人民共和国村民委员会组织法》第五条明确规定："乡、民族乡、镇的人民政府对村民委员会的工作给予指导、支持和帮助，但是不得干预依法属于村民自治范围内的事项。村民委员会协助乡、民族乡、镇的人民政府开展工作。"[1] 居民委员会作为居民自我管理、自我教育、自我服务的基层群众性自治组织，其地位是由宪法保障的。同时《中华人民共和国城市居民委员会组织法》第二条明确规定："不设区的市、市辖区的人民政府或者它的派出机关对居民委员会的工作给予指导、支持和帮助。居民委员会协助不设区的市、市辖区的人民政府或者它的派出机关开展工作。"[2]

人民当家作主已经成为基层群众自治的核心和精髓。广大人民群众通过民主选举、民主决策、民主管理和民主监督，实现自我管理、自我服务、自我教育和自我监督，真正体现了人民当家作主。始终坚持村（居）

---

[1]　全国人民代表大会常务委员会法制工作委员会编：《中华人民共和国法律汇编·2018》（中册），人民出版社2019年版，第755-756页。

[2]　全国人民代表大会常务委员会法制工作委员会编：《中华人民共和国法律汇编·2018》（中册），人民出版社2019年版，第768页。

民在基层群众自治中的主体地位，最广泛地动员和组织广大人民群众开展民主实践活动，调动他们当家作主的积极性，是基层群众自治制度充满生机和活力的源泉。坚持和维护广大人民群众的主体地位，也是推进基层群众自治的一项重要原则。在基层群众自治实践中，把维护广大人民群众的民主权益和合法利益作为基层群众自治的出发点和落脚点，尊重广大人民群众的首创精神和实践探索，并及时总结广大人民群众的民主实践和民主经验，是基层群众自治制度不断发展和完善的一条重要经验。

【拓展阅读】

社区治理暖人心 居民生活更舒心

江苏泰州市姜堰区天目山街道锦都社区"爱心联盟"商铺购物活动，是姜堰区城市社区品质提升行动的举措之一。党史学习教育开展以来，姜堰区委组织部主动向社区群众关切处聚焦，从最突出的问题着手，城市社区品质提升行动成了全区"我为群众办实事"重点项目。

姜堰区委常委、组织部部长毛戴军说，区委组织部推动街区开展品质提升需求大调查，区级层面形成"四好"社区星级化评定细则，即社区服务好、社工队伍好、社区物业好、社会组织好，街道层面形成品质提升指导推进方案，社区形成"一居一策"提升方案，确保社区品质提升周周有变化、月月有进展、个个有成效。

社区党群服务中心是社区党组织服务群众、便民惠民的重要场所。姜堰区发布《姜堰区社区党群服务中心标识规范》，统一社区标识、规范布置标准，明确服务要求，同时还出台党群连心睦邻点建设标准，投入1300余万元建成216个睦邻点，打造城市居民交往空间，延伸服务最后一公里。

姜堰区委组织部副部长、党建办主任蒋炜介绍，围绕现代社区治理、社区品牌创建等主题，区里每季度举办一期社区干部品质提升行动主题沙龙活动，公开选聘20名社区"见习书记"，选派至先进社区挂职锻炼。姜堰区委组织部牵头编制了"全科"业务培训大纲教材，开展社工培训比武，考试认定全科社工201名；还配套出台社区弹性工作制实施办法，采取"1名社区党员干部＋1名社区志愿者、在职党员、离退休党员老干部、热心群众"轮流值班的方式，延长社区午间、晚间和周末服务时间，为社区群众提供上门、预约、代办等多种服务。

为了集聚各类社会组织资源，姜堰区出台了社会组织培育发展办法，推动新注册登记社会组织 18 家、草根社团 247 个，谋划为民服务品牌 40 个。在三水街道，通过购买社会组织服务，依托社区小当家活动室、书香溢众邻等青少年活动阵地，开设四点半课堂、校外晚托班等，并邀请社区在职党员教师回社区服务，免费为学生提供学科类和艺术类辅导，丰富了学生课余生活，也有效解决了家长后顾之忧。

"我们将进一步提升工作理念、健全服务功能、调优运行机制，推动社区品质再提升，让人气集聚呈现在基层社区，让满意幸福洋溢在群众脸上。"姜堰区委书记方针介绍。

（资料来源：姚雪青、刘亮《社区治理暖人心 居民生活更舒心》，载《人民日报》2022 年 1 月 20 日第 13 版。）

第三节　把握我国基层群众自治制度的鲜明特色和成功经验

一、中国共产党的正确领导是基层群众自治健康发展的根本保证

基层群众自治制度保障了中国共产党和各级政府最广泛地动员和组织人民管理国家和社会事务、管理经济和文化事业，保障了广大人民共同建设、共同享有、共同发展，成为国家、社会和自己命运的主人，体现了"国家一切权力属于人民"的宪法理念，是实现国家治理体系和治理能力现代化中的重要一环。按照党的二十大的要求，健全基层党组织领导的基层群众自治机制，加强基层建设，完善基层直接民主制度体系和工作体系，增强城乡社区群众自我管理、自我服务、自我教育、自我监督的实效。

坚持中国共产党的领导与保障基层群众自治的权利并不矛盾，二者都是为了实现人民当家作主这一根本目标。中国共产党的正确领导是基层群众自治坚持正确方向的根本保证，基层群众自治是中国共产党领导和支持下的人民群众的伟大创造。没有中国共产党的正确领导，就没有基层群众自治的健康发展。正是在中国共产党的正确领导下，制定了一系列关于基层群众自治的法律法规和制度，基层群众自治才走上了法制化、规范化和制度化的轨道。

《中华人民共和国村民委员会组织法》第四条明确规定："中国共产党在农村的基层组织，按照中国共产党章程进行工作，发挥领导核心作用，领导和支持村民委员会行使职权；依照宪法和法律，支持和保障村民开展自治活动、直接行使民主权利。"[1]

坚持中国共产党的正确领导，才能真正有效地保证基层群众充分行使民主权利。健全基层党组织领导的充满活力的基层群众自治机制，以扩大有序参与、推进信息公开、加强议事协商、强化权力监督为重点，拓宽范围和途径，丰富内容和形式，保障人民享有更多更切实的民主权利。在推进基层群众自治过程中，坚持和尊重基层党组织的领导地位，既要贯穿在民主选举、民主决策、民主管理和民主监督等程序和环节之中，又要体现在基层群众自治各项工作之中。

在基层群众自治实践中，有些地方实行村（居）民委员会和村（居）社区党组织负责人"一肩挑"，即按照民主程序，将村（居）党组织负责人推选为村（居）民选举委员会主任，主持村（居）民选举委员会工作；同时，把村（居）党组织书记按照民主程序推选为村（居）民委员会成员候选人，通过选举兼任村（居）民委员会主任，以保证中国共产党基层组织在民主选举中的领导作用。有些地方，鼓励党员通过法定程序当选村（居）民小组长、村（居）民代表，直接组织、参与村（居）事务的民主决策，同时，因地制宜推广"四议两公开"工作法，丰富和完善中国共产党领导的村级民主自治机制，有效保证了中国共产党基层组织在民主决策中的领导作用。有些地方，在制定和完善村（居）自治章程、村规民约、村（居）民会议和村（居）民代表会议议事规则、财务管理制度等规章制度时，突出村（居）党组织的提议权、领导权，充分保证了中国共产党

---

① 全国人民代表大会常务委员会法制工作委员会编：《中华人民共和国法律汇编·2018》（中册），人民出版社 2019 年版，第 755—756 页。

的基层组织在民主管理和民主监督环节发挥领导作用。越来越多的城乡社区，通过规章和制度，确保村（居）基层党组织在各项财务支出、集体资产经营管理等方面的知情权、审核权和村（居）党组织在民主评议村（居）干部、村（居）重大事务民主听证等活动中的主导权。增强中国共产党的基层党组织在基层群众自治中的领导作用，使基层群众自治制度更加充满活力。

二、基层群众自治直接反映人民的利益诉求

基层群众自治制度与人民代表大会制度、共产党领导的多党合作和政治协商制度以及民族区域自治制度共同构成中国特色社会主义的政治制度。这是在中国历史传承、文化传统、经济社会发展水平的基础上长期发展、渐进改进、内生性演化的制度成果，实现了国家层面民主制度同基层民主制度的有机结合，是符合中国国情、体现中国特色社会主义的特点和优势的制度安排，也是实现中国发展进步以及人民共享改革成果的制度保障。

通过基层群众自治制度，广大人民不仅实现了民主选举，而且实现了民主决策、民主管理和民主监督，实现了村（居）民自我管理、自我教育、自我服务和自我监督，是广大基层群众实现民主、享受民主的重要渠道，是基层民主的重要体现，实现了形式民主与实质民主的高度统一、直接民主与间接民主的高效结合，也是选举民主与协商民主互为补充的典范。

基层群众自治制度是在新中国的民主建设过程中形成和发展起来的。它发端于城市，当时居民委员会主要是组织开展公共福利、治安保卫、调解纠纷、居民动员以及向当地政府反映居民意见和建议等工作。改革开放以来，中国共产党和中国政府积极顺应形势发展，不断推进和深化基层群众自治。居委会直接选举、村委会联选、两票制、村（居）民代表会议制度、村（居）务公开制度、村干部离任审计制度、村务监督委员会制度等各种新探索和创造不断推进基层群众自治制度的发展和前行。

基层群众自治制度的典型特征是直接民主和自我管理，我国的基层群众自治制度，从根本上把保障人民群众的权益放在首位，人民群众能够从中获得实实在在的权益，能够表达自己的利益诉求，能够保护自己的权利

不受侵犯。人民群众通过直接选举居民委员会和村民委员会，决定与自身利益相关的事务，反映自己的利益诉求，维护自身权益，直接参与基层公共事务的管理。这也有利于调动人民群众参与的积极性，增强民主的广泛性和实效性，使广大群众在利益实现和权益保障下不断增强参与民主政治建设的积极性。

【拓展阅读】

一片丹心 爱党为民

"昔日纸褙军门前，今日文明一枝花。"位于福建福州市中心的军门社区，曾是一整片木屋区，房屋老旧，邻里纠纷、案件频发；如今，这里变成了和谐美丽的模范小区，获得"全国文明单位"等荣誉……

华丽蜕变的背后，离不开林丹的付出。今年72岁的林丹是军门社区党委书记，扎根社区40余年来，她坚持以党建为引领，创新社区治理模式，脚踏实地做好社区每一项工作，切实把党的工作做到群众心坎上。

"我们要做到群众一有困难，第一个就想到我们。"林丹说，"设立居民恳谈日，就是要倾听居民诉求，邀请相关部门参与，共同解决难题，为居民提供更好服务。"

几年前，社区景观整治后，路面焕然一新。不承想，居民又遇到了自来水管堵塞问题，担心饮水不安全。可是，按照相关规定，新修建的道路5年内不能破路。"是百姓喝水难的问题重要，还是不能破路的规定重要？"这件事在居民恳谈日被摆上了桌面。在居民、自来水公司、住建局等共同协商下，更换水管"特事特办"，从动工到完工仅花了一周。"问题有地儿说、能解决，居民恳谈日制度发挥了为民办实事的效果！"居民李星说。

设立居民恳谈日制度，是军门社区以党建为引领、创新社区治理模式的一个缩影。早在2010年，军门社区便开始探索"135"社区党建工作模式——强化社区党组织这一核心，夯实社区工作者、党员、志愿者3支队伍，完善"共同参与组织、民主管理监督、基本建设保障、长效服务群众、党建责任落实"5项机制，全面提升社区党建科学化水平。如今，这一模式已在福建全省推广。

前不久，军门社区近邻党群服务驿站启用，为居民群众提供包括"四史"宣传教育、近邻服务地图、议事恳谈交流、闲置物品置换、食物爱心货栈、志愿积分兑换6项服务。

40多年来，林丹"把社区当成家，把居民的难事、烦心事当成自己的事"。在很多社区居民心里，她是女儿，是母亲，是家人。

10多年前，社区80多岁、独自生活的老太吴苏廷摔断了大腿，生活不能自理，她每天早上都是先将老人安顿好再赶去上班；老人去世后还亲自为其料理后事。

社区青年小王因盗窃罪入狱，服刑期间母亲病逝，租住的房屋被收回。小王刑满释放后，林丹先是把他安置在居委会，让他每天到自己家吃饭。后来，居委会搬迁，她干脆把他请到家里住，并四处奔波帮其找工作，让小王重回正轨……

每逢除夕，林丹总是陪伴社区空巢老人和外来留守人员一起吃年夜饭，一陪就是18年……"社区工作做好了，就能在党和政府与群众之间架起一座连心桥。"林丹一直这么说，也这么做。

倾情服务社区近50年，林丹念兹在兹的，是如何强化社区为民、便民、安民功能，做到居民有需求、社区有服务，让社区成为居民最放心、最安心的港湾。

军门社区常住人口约1.3万，其中60岁以上老人有1200多人。瞄准居民养老服务的现实需求，2009年，军门社区成立了福州市第一家社区居家养老服务站。2017年5月，服务站升级为居家养老服务照料中心。三层楼的服务中心面积达2700多平方米，包括诊疗咨询中心、餐饮、文化娱乐、养护等区域；配备5名助老员提供24小时服务，每天安排医生党员志愿者免费接诊，助力老人小病不出社区、大病及时就医。"让老人感到这里是温馨的家、所有工作人员都是自家人。"林丹说。军门社区双职工家庭多，孩子放学与家长下班有段时间差。林丹多方奔走，2009年在福州市首先承办起"4点钟"学校；2014年，"4点钟"学校改造升级为全市首家公办托管中心"阳光朵朵"。以"一老一少"为重点，林丹带领社区干部，脚踏实地做好社区每一项民生服务工作，让居民群众获得感、幸福感、安全感更充实。

（资料来源：钟自炜、林善传《一片丹心 爱党为民》，载《人民日报》2021年7月20日第6版。）

三、基层群众自治要与经济社会发展相互适应、相互促进

我国的基层群众自治与我国现阶段的经济社会发展相适应，有效促进经济社会的发展。党的十九大作出了我国进入新时代的重大历史判断。我国社会的主要矛盾发生了重要变化，变为人民日益增长的美好生活需要和不平衡不充分的发展之间的矛盾。在新时代下，两者相适应主要体现在两个方面：一是在制度制定的过程中，要始终以推动和保障党和国家的中心工作为目标，实现乡村振兴。二是在实践推进中，基层群众自治实践的许多环节，都是围绕人民群众最关心、最直接、最现实的利益问题展开的，既能锻炼群众的议事能力，又维护了群众的经济利益，体现了民主的目的性和手段性的统一。

四、基层群众自治的制度建设和实践推进要循序渐进、逐步发展

从基层群众自治组织的实践来看，当前应该着力培育壮大民间机构和社会组织，发挥民间机构和社会组织在群众利益诉求、利益表达方面的重要作用，增强村（居）会等社会组织在扩大群众参与、反映群众诉求方面的积极作用，并从机制和制度上使之能真正代表各自群体的利益，确保选举决策机制民主和完善相应的民主监督机制，进一步增强其社会自治功能。同时，应帮助村民、居民提高民主意识，增强自治能力，引导村民、居民学会和用好法律赋予的民主权利，帮助村民和居民在民主选举、民主决策、民主管理和民主实践中培育公共意识、政治参与意识，实现自我管理、自我服务，在实践中学习行使民主权利。充分尊重地方实践经验，推出有示范意义的典型，更好地指导各地具体的乡镇（街道）和社区自治，制定相关管理条例，推动和完善基层群众自治制度。

基层群众自治制度是中国特色社会主义民主政治的基础性工程，我们应该以习近平新时代中国特色社会主义思想为指引，利用我国基层群众自治制度的优势基础，进一步探索和完善基层群众自治的新途径，不断发展

基层民主，保障人民享有更多更切实际的民主权利。

思考题

1. 为什么说基层群众自治制度是一项具有独特作用的基本政治制度？

2. 如何夯实人民群众在基层群众自治制度中的主体作用？

3. 试分析我国基层群众自治制度的鲜明特色和成功经验？

第六章　巩固最广泛的爱国统一战线

人心向背、力量对比是决定党和人民事业成败的关键，是最大的政治。统战工作的本质要求是大团结大联合，解决的就是人心和力量问题。这是我们党治国理政必须花大心思、下大气力解决好的重大战略问题。

——《习近平关于社会主义政治建设论述摘编》，第 128 – 129 页

中国共产党第十九届中央委员会第六次全体会议审议通过的《中共中央关于党的百年奋斗重大成就和历史经验的决议》（以下简称《决议》），全面总结和明确提出中国共产党百年奋斗的十条历史经验，坚持统一战线是其中的一条宝贵经验。《决议》深刻指出："建立最广泛的统一战线，是党克敌制胜的重要法宝，也是党执政兴国的重要法宝。"[①]

统一战线是党的事业取得胜利的重要法宝，必须长期坚持。中国特色社会主义进入新时代，必须充分发挥统一战线凝聚人心、汇聚力量的政治优势，正确处理一致性和多样性的关系，找到最大公约数，画出最大同心圆，为建设富强民主文明和谐美丽的社会主义现代化强国，实现中华民族伟大复兴的中国梦提供磅礴力量。

第一节　统战工作的本质是大团结大联合

中共中央印发的《中国共产党统一战线工作条例》中规定："统一战

---

① 《中共中央关于党的百年奋斗重大成就和历史经验的决议》，人民出版社 2021 年版，第 70 页。

线，是指中国共产党领导的、以工农联盟为基础的，包括全体社会主义劳动者、社会主义事业的建设者、拥护社会主义的爱国者、拥护祖国统一和致力于中华民族伟大复兴的爱国者的联盟。"① 统一战线本质上就是大团结、大联合，即团结一切可以团结的力量，调动一切可以调动的积极因素，促进海内外中华儿女心往一处想、劲往一处使。在百年奋斗历程中，中国共产党高举大团结大联合的旗帜，不断巩固和发展最广泛的统一战线，团结一切可以团结的力量，调动一切可以调动的积极因素，发挥统一战线重要法宝作用，逐步确立"长期共存、互相监督、肝胆相照、荣辱与共"的多党合作方针，发展社会主义协商民主制度和新型政党制度，领导和帮助各民主党派和无党派人士在坚持中国特色社会主义政治发展道路上积极发挥作用、不断发展进步。统一战线是中国共产党夺取革命、建设、改革事业胜利的重要法宝，也是实现中华民族伟大复兴的重要法宝。

一、做好新形势下的统战工作

中国共产党把马克思主义关于统一战线的基本原理同中国具体国情相结合，先后建立民主联合战线、工农民主统一战线、抗日民族统一战线、人民民主统一战线、爱国统一战线，团结一切可以团结的力量，化消极因素为积极因素，为夺取中国革命、建设、改革事业的胜利凝聚了战无不胜、攻无不克的强大力量。早在 1939 年 10 月，毛泽东同志在《〈共产党人〉发刊词》中就明确提出："统一战线、武装斗争、党的建设，是中国共产党在中国革命中战胜敌人的三个重要的法宝。"② 1979 年 10 月，邓小平同志指出，在我国新的历史时期，统一战线仍然是一个重要法宝，不是可以削弱，而是应该加强；不是可以缩小，而是应该扩大。③

党的十八大以来，针对一些地方、一些领导干部存在不重视统一战线和不会做统战工作的问题，习近平总书记 2015 年 5 月在中央统战工作会议上的讲话中科学回答了新形势下需要不需要统一战线，需要什么样的统一战线，以及怎样巩固和发展统一战线等重大问题，把对统一战线地位和

---

① 参见《中国共产党统一战线工作条例》，人民出版社 2021 年版，第 1 页。
② 参见《毛泽东选集》（第二卷），人民出版社 1991 年版，第 606 页。
③ 参见《邓小平文选》（第二卷），人民出版社 1994 年版，第 203 页。

作用的认识提升到了新的高度，为全党进一步用好统一战线这个法宝指明了方向。习近平总书记指出："人心向背、力量对比是决定党和人民事业成败的关键，是最大的政治。统战工作的本质要求是大团结大联合，解决的就是人心和力量问题。这是我们党治国理政必须花大心思、下大气力解决好的重大战略问题。"① 依据这一认识，作为我们党第一部关于统战工作的党内法规，《中国共产党统一战线工作条例》形成了统一战线法宝地位的表述："统一战线是中国共产党凝聚人心、汇聚力量的政治优势和战略方针，是夺取革命、建设、改革事业胜利的重要法宝，是增强党的阶级基础、扩大党的群众基础、巩固党的执政地位的重要法宝，是全面建设社会主义现代化国家、实现中华民族伟大复兴的重要法宝。"② 这一表述既强调了统一战线对于党的事业胜利的历史性意义，也突出了统一战线对于巩固党的执政地位、实现党和国家长治久安的现实性意义，同时也表明了统一战线对于实现我国长远宏伟战略目标的划时代意义。

习近平总书记在庆祝中国共产党成立100周年大会的重要讲话中庄严宣告："经过全党全国各族人民持续奋斗，我们实现了第一个百年奋斗目标，在中华大地上全面建成了小康社会，历史性地解决了绝对贫困问题，正在意气风发向着全面建成社会主义现代化强国的第二个百年奋斗目标迈进。""我们的目标越伟大，我们的愿景越光明，我们的使命越艰巨，我们的责任越重大，就越需要汇聚起全民族智慧和力量，就越需要广泛凝聚共识、不断增进团结。"③ 当前，我国发展的内外环境发生了深刻变化，概括起来说就是：所有制形式更加多样，社会阶层更加多样，社会思想观念更加多样。这"三个更加多样"直接关系到统一战线社会经济基础的变化、统一战线工作对象的变化和统一战线思想政治工作内容的变化。进入新时代的中国共产党，站在新起点，迈向新征程，如何更好发挥统一战线作用，扩大团结面，凝聚正能量，就成了必须回答好的一个重大课题。因此，习近平总书记强调："当今世界正在经历百年未有之大变局，实现中华民族伟大复兴正处于关键时期。越是接近目标，越是形势复杂，越是任务艰巨，越要发挥中国共产党领导的政治优势和中国特色社会主义的制度

---

① 中共中央文献研究室编：《十八大以来重要文献选编》（中），中央文献出版社2016年版，第556页。

② 《中国共产党统一战线工作条例》，人民出版社2021年版，第1—2页。

③ 习近平：《在庆祝中国共产党成立100周年大会上的讲话》，载《人民日报》2021年7月2日第2版。

优势，把各方面智慧和力量凝聚起来，形成海内外中华儿女心往一处想、劲往一处使的强大合力。"①

二、统战工作要牢牢把握大团结大联合的主题

我国统一战线包括两个范围的联盟：一个是大陆范围内以中国特色社会主义为政治基础，团结全体社会主义劳动者、社会主义事业建设者和拥护社会主义爱国者的联盟；一个是大陆范围以外以爱国和拥护祖国统一为政治基础，团结港澳同胞、台湾同胞和海外侨胞的联盟。两个范围的联盟构成爱国统一战线的整体，体现了中华民族和全体中华儿女的大团结。大陆范围内的联盟，致力于中国特色社会主义伟大事业，要高举社会主义旗帜；大陆范围以外的联盟，致力于实现祖国统一和中华民族伟大复兴，要高举爱国主义旗帜。两个范围的联盟相辅相成、互相促进，才能巩固和发展最广泛的爱国统一战线。

统一战线永恒的主题是大团结大联合。统一战线的根本职能和任务是争取人心、凝聚力量，为实现共同目标而团结奋斗。实现中华民族伟大复兴，中国人民和中华民族必须同舟共济，依靠团结战胜前进道路上的一切风险挑战。坚持大团结大联合，就是要汇聚起全民族的智慧和力量，促进政党关系、民族关系、宗教关系、阶层关系、海内外同胞关系和谐，最大限度凝聚起共同奋斗的力量。大团结大联合关系到统一战线的根本，影响党和国家工作的全局，既是统一战线的安身立命之本，也是检验统一战线工作成效的重要尺度。

在新的历史条件下，要实现中华民族伟大复兴的历史使命，更需要通过统一战线最大范围地把方方面面的力量都团结起来，最大限度地把各种积极因素都调动起来。团结的人越多、团结的面越宽，统战工作的成效就越显著，对党的事业也就越有利。统一战线有 12 个方面的工作对象，即民主党派成员，无党派人士，党外知识分子，少数民族人士，宗教界人士，非公有制经济人士，新的社会阶层人士，出国和归国留学人员，香港同胞、澳门同胞，台湾同胞及其在大陆的亲属，华侨、归侨及侨眷，其他

① 习近平：《在中央政协工作会议暨庆祝中国人民政治协商会议成立 70 周年大会上的讲话》，载《人民日报》2019 年 9 月 21 日第 2 版。

需要联系和团结的人员。这就要求我们在实现第二个百年奋斗目标的新长征路上，必须牢牢把握大团结大联合的主题，充分发挥统一战线沟通感情、联络友谊、凝聚人心的独特优势。只要有利于现代化建设、统一祖国、振兴中华，只要有利于民族团结、社会进步、人民幸福，都要加强同他们的联系，把一切可以团结的人团结起来，为中华民族的伟大复兴提供取之不尽、用之不竭的力量源泉。

三、坚持一致性和多样性统一

统一战线是一致性和多样性的统一体。一致性是共同思想政治基础的一致，多样性是利益多元、思想多样的反映，要在尊重多样性中寻求一致性，不要搞成"清一色"。要及时了解统一战线内部思想动态，把在一些敏感点、风险点、关切点上强化思想政治引领同经常性思想政治工作结合起来，求同存异、聚同化异，推动各党派团体和各族各界人士实现思想上的共同进步。只有一致性没有多样性，或者只有多样性没有一致性，都不能建立和发展统一战线。正所谓"非一则不能成两，非两则不能致一"。一致性和多样性不是一成不变的，而是历史的、具体的、发展的。习近平总书记指出："有的同志要么过于追求一致性，要么过于放任多样性，结果都会动摇统一战线的基础。"① 正确处理一致性和多样性的关系，是对统一战线实践经验的科学总结，是对统一战线发展规律的准确把握，是统一战线工作的方针。

正确处理一致性和多样性的关系，关键和难点是坚持求同存异。统一战线是中国共产党领导的政治联盟，坚持党的领导、坚持爱国主义和中国特色社会主义的一致性是统一战线的共同思想政治基础。坚持求同存异，首先要不断巩固共同思想政治基础，包括巩固已有共识、推动形成新的共识，这是基础和前提。多样性是统一战线存在的条件。发展统一战线、做统战工作，不能搞"清一色"，否则统一战线就没有了意义。坚持求同存异，还要充分发扬民主、尊重包容差异，对多样性要作具体分析。对危害中国共产党的领导、危害我国社会主义政权、危害国家制度和法治、损害最广大人民根本利益的问题，必须旗帜鲜明反对，不能让其以多样性的名

---

① 《习近平谈治国理政》（第二卷），外文出版社 2017 年版，第 303－304 页。

义大行其道。这是政治底线，不能动摇。除此之外，对其他各种多样性，要尽可能通过耐心细致的工作找到最大公约数。对于党外人士在共同思想政治基础上的不同认识和意见，要鼓励他们提出，不能压制和打击。这样做，有利于加强党的领导而不是妨碍和削弱党的领导，有利于改进我们的工作而不是干扰和影响工作，有利于加强人民内部的团结而不是损害和破坏团结。对一些在原则性问题上有错误认识的党外人士，只要拥护中国共产党的领导，就应该平等地交换意见，在讨论中争取形成共识，消融认识差异，而不应该用简单粗暴的方法，甚至把他们推向对立面。只有这样，才能充分体现统一战线的巨大包容性。

四、找到最大公约数，画出最大同心圆

画出最大同心圆是新时代统一战线空前广泛性的体现。习近平总书记在中央统战工作会议上首次提出了统一战线同心圆的命题。他指出："只要我们把政治底线这个圆心固守住，包容的多样性半径越长，画出的同心圆就越大。"① 在党的十九大报告中他再次强调："坚持一致性和多样性统一，找到最大公约数，画出最大同心圆。"②

中国共产党领导的统一战线一直以来就是画出的一个又一个同心圆。画出画好同心圆有两个关键要点：一是要守住圆心，即坚守中国共产党领导的政治底线，不断巩固和扩大共同的思想政治基础；二是要延长半径，即把越来越多的人和力量团结在中国共产党的周围，实现统一战线越来越强的包容性，凝聚起实现中华民族伟大复兴的强大力量。

中国共产党领导的统一战线从一开始就坚持最广泛的包容性，团结一切革命、建设和改革的力量。如在抗日战争时期的统一战线是不仅有农民、工人、城市小资产阶级和民族资产阶级，还包括除了汉奸、大地主、大资产阶级投降派以外的一切政治力量在内的广泛的抗日民族统一战线。解放战争时期的革命统一战线是包括工人、农民、城市小资产阶级、民族资产阶级、各民主党派、开明绅士、其他爱国分子、少数民族同胞和海外

① 《习近平谈治国理政》（第二卷），外文出版社 2017 年版，第 304 页。

② 习近平：《决胜全面建成小康社会 夺取新时代中国特色社会主义伟大胜利——在中国共产党第十九次全国代表大会上的报告》，人民出版社 2017 年版，第 39－40 页。

127

侨胞在内的广泛的人民民主统一战线。

改革开放以来，统一战线发展为中国共产党领导的、以工农联盟为基础的，包括全体社会主义劳动者、社会主义事业建设者、拥护社会主义爱国者、拥护祖国统一和致力于中华民族伟大复兴爱国者的爱国统一战线。这是以中国共产党领导为圆心，以实现中华民族伟大复兴中国梦为最大公约数，以包容越来越多的劳动者、建设者、爱国者为半径画出的最大同心圆。在这个包含人数最多、结构最复杂的最大的同心圆中，核心是坚持中国共产党的领导，关键是正确处理政党关系、民族关系、宗教关系、阶层关系、海内外同胞关系，目标是实现中华民族伟大复兴的中国梦，具有强大的凝聚力和向心力。

擘画最大同心圆，必须巩固共同思想政治基础。离开这一条就没有统一战线。巩固共同思想政治基础不能只看表象，关键在于真正的内心认同；不能只靠说教，而是要在实践中逐步坚定信念。特别是在利益多元、思想多样的今天，统一战线成员的独立性、差异性、选择性、多变性明显增强，巩固团结奋斗的共同思想政治基础面临严峻挑战，凝聚共识也更加重要和紧迫。要以凝心聚力为目标，以共识教育为核心，以求同存异为原则，引导统一战线成员坚定理想信念，加强团结合作，积极投身全面建成小康社会、建设社会主义现代化强国的伟大实践。

擘画最大同心圆，必须拓宽视野。搞统一战线就不能追求"清一色"，而是要五湖四海，把工作局限于传统领域、熟悉人群是不够的。既要巩固已有力量，又要注意团结新出现的社会阶层和群体；既要深化与拥护我们的人的团结，又要积极争取那些不完全赞同甚至反对我们的人。只有这样，大团结大联合才有实实在在的内容，建立最广泛爱国统一战线的目标才能实现。

【拓展阅读】

优化创新帮扶途径方式，确保高质量完成脱贫攻坚任务

在贵州省纳雍县玉龙坝镇岩脚社区，养牛工人正在投放草料……当地通过发展养殖产业，增加了村民的经济收入。这是民革中央助力定点扶

贫联系县纳雍产业脱贫的一个镜头。此外，民革中央协调引进新纪元教育集团连续 14 年资助纳雍贫困家庭学生赴四川省广元外国语学校免费就读高中，累计毕业 11 届 455 名学生，100% 考取本科，99% 就读重点大学，有 11 人被清华大学、北京大学录取。

近年来，各民主党派主动担当作为，通过优化扶贫工作模式提升脱贫质量、巩固脱贫成果，确保高质量完成脱贫攻坚任务。民盟中央关注农村教育事业发展，着力阻断贫困代际传递，在定点扶贫的河北省广宗县实施"双师课堂"项目，利用互联网直播技术，将优质教育资源输送到该县 11 所中小学校。民盟中央每年组织北京、青岛、唐山等地盟员特级教师赴广宗开展 1 至 2 次农村学校校长、教师培训，累计培训 3000 余人次。此外，民盟中央还协调盟员企业家向广宗农村学校捐赠电脑、图书、音体器材、净水设备等价值 340 余万元的教学物资。

农工党中央充分发挥农工党医药卫生界别优势，探索健康扶贫新方式。与国务院扶贫办、国家卫生健康委共同开展"强直性脊柱炎健康扶贫工程"，项目在全国 832 个贫困县全面推进，通过医疗培训和专家诊治活动，救助了贫困患者，建立和提升县域诊疗能力和救治水平。开展"乡村教师走出大山"培训，通过名师授课、实地考察、与东部地区师生面对面交流等形式，帮助大山深处的乡村教师学习先进的教学理念、先进的教学方法，助力定点扶贫的大方县乡村教师提升综合能力和水平。

致公党中央重点开展消费扶贫，打造提升致公电商创业园。联合定点扶贫的重庆酉阳土家族苗族自治县政府在京东平台开展了"酉好货"直播专场活动，致公党各级组织积极参与，发动社会力量参与购买，帮助贫困地区解决农产品卖出难的问题，近 10 万人在线参与直播，3 天的优惠活动，下单量 1.3 万余单，订单总金额 115 万余元。截至 2020 年 11 月 30 日，累计帮助消费扶贫 714.72 万元。致公电商创业园成长为集办公、仓储、快递、展示、培训、运营、咨询、配套食宿等为一体的创业型电商园区，运营面积达 5000 平方米，目前已入驻产业链企业及个体创客 21 家。

无党派人士通过无党派人士考察团、建言献策专家组、党外院士服务团等载体，以专业技术对接地方需求，将现场服务与长期帮扶相结合，深入贵州、甘肃等 11 个省份开展科普讲座、教育医疗帮扶等活动近 400 场（次），直接服务山地畜牧养殖、高山蔬菜种植、经济作物栽培等种养殖户千余户，为贫困地区送去先进理念、最新知识和实用技术。协助有关方面实施"毕节市学生健康综合干预项目"，支持地方探索建立贫困地区儿童公共卫生服务体系，提升医疗扶贫效能。

（资料来源：姜洁《为打赢脱贫攻坚战贡献统战力量——各民主党派、工商联和无党派人士齐心协力助力脱贫攻坚综述》，载《人民日报》2021年2月23日第6版。）

第二节　联谊交友是统战工作的内容与方式

统一战线是做人的工作，搞统一战线是为了壮大共同奋斗的力量，因此，联谊交友是统战工作的重要内容，也是统战工作的重要方式。党政领导干部、统战干部都要掌握这个方式。

从某种意义上说，统一战线工作做得好不好，要看交到的朋友多不多、合格不合格、够不够铁。多不多是数量问题，合格不合格、够不够铁是质量问题。俗话说，"一人为仇嫌太多，百人为友嫌太少"。交朋友的面要广，朋友越多越好，特别是要交一些能说心里话的挚友净友。习近平总书记强调：想交到这样的朋友，不能做快餐，而是要做佛跳墙这样的功夫菜。对党外人士，要多接触、多谈心、多帮助，讲尊重、讲平等、讲诚恳，不随意伤害对方自尊心，不以势压人。①

同党外人士交朋友当然会有私谊，但私谊要服从公谊。要讲原则、讲纪律、讲规矩，不能把党外人士当成个人资源，而要出于公心为党交一大批肝胆相照的党外朋友。统战干部是代表我们党团结联系党外人士的，统战干部的作风直接关系党在党外人士中的形象。要做到诚恳谦和、平等待人、廉洁奉公，对党外人士待之以诚、动之以情、晓之以理、助之以实，真正赢得党外人士的尊重和认同，团结他们同我们党一起奋斗、一起开创新形势下统战工作新局面。

《中国共产党统一战线工作条例》（以下简称《条例》）中明确指出了统战工作的12个工作对象，这12个工作对象也正是统战工作中联谊交友的重点，统一战线工作要以人民政协为平台，与全部致力于实现中华民族

---

①　参见《习近平谈治国理政》（第二卷），外文出版社2017年版，第304－305页。

伟大复兴的群体做朋友，团结全体中华儿女的力量，共同为建设社会主义现代化强国添砖加瓦。

一、团结各民主党派，支持民主党派更好履行职能

我国政党制度是中国共产党领导的多党合作和政治协商制度。宪法规定，中国共产党领导的多党合作和政治协商制度将长期存在和发展。《条例》中对民主党派做出了明确的定义："民主党派是接受中国共产党领导、同中国共产党通力合作的亲密友党，是中国共产党的好参谋、好帮手、好同事，是中国特色社会主义参政党。"[1] 我国的政党制度，与西方资产阶级自由民主相匹配的竞争型旧式政党制度根本不同，是一种新型政党制度，反映了人民当家作主的社会主义民主政治的本质。

我国新型政党制度既强调中国共产党的领导，也强调发扬社会主义民主。民主党派履行的参政议政、民主监督，参加中国共产党领导的政治协商这三项职能，就是这种民主最基本的体现。坚持和完善中国共产党领导的多党合作和政治协商制度，更好地体现这项制度的效能，必须坚持"长期共存、互相监督、肝胆相照、荣辱与共"的基本方针，着力点在发挥好民主党派和无党派人士的积极作用。

（一）搞好政党协商

政党协商是社会主义协商民主的重要渠道。《条例》第十三条中指出："政党协商是中国共产党同民主党派的政治协商。"[2] 无党派人士是政治协商的重要组成部分，参加政党协商。政党协商主要包括以下内容：中国共产党全国和地方各级代表大会、党中央和地方各级党委有关重要文件的制定、修改；宪法的修改建议，有关重要法律的制定、修改建议，有关重要地方性法规的制定、修改建议；人大常委会、政府、政协领导班子成员和监察委员会主任、法院院长、检察院检察长建议人选；关系统一战线和多党合作的重大问题。

进入新时代，适应新发展，特别是实现国家治理现代化，更应当充分

---

① 中共中央统战部编著：《中国共产党统一战线工作条例》，人民出版社 2021 年版，第 8 页。
② 中共中央统战部编著：《中国共产党统一战线工作条例》，人民出版社 2021 年版，第 9 页。

利用好政党协商这一优越的民主形式和制度渠道，不断丰富协商实践、完善协商制度、提升协商能力和水平、提高政党协商效能。完善政党协商制度、提高协商效能决不是搞花架子，要做到言之有据、言之有理、言之有度、言之有物，真诚协商、务实协商，道实情、建良言，参政参到要点上，议政议到关键处，努力在会协商、善议政上取得实效。

党的十八大以来，到《条例》修订颁发的几年间，由中共中央、国务院召开或委托有关部门召开的协商会、座谈会等，一共172次，其中习近平总书记主持召开37次，就中共中央有关重要文件、制定"十三五""十四五"规划、推进供给侧结构性改革、加强和规范中国共产党党内政治生活、修订《中国共产党党内监督条例》等战略性全局性问题，与党外人士真诚协商、认真听取意见建议。政党协商已成为国家政治生活中一道亮丽风景，展示了中国新型政党制度的鲜明特色和独特魅力。

（二）完善参政议政

在多党合作制度格局中，中国共产党是执政党，民主党派是参政党。中国共产党和民主党派的关系不是执政党和在野党或反对党的关系，而是执政和参政的关系，是挚友诤友的关系。民主党派参政的主要内容是：参加国家政权，参与重要方针政策、重要领导人选的协商，参与国家事务的管理，参与国家方针政策、法律法规的制定和执行。中国共产党要为党外人士参政议政搭建更多平台、创造更好条件，帮助大家了解有关情况，支持大家搞好调查研究，知情出力。民主党派、无党派人士要自觉接受中国共产党领导，做中国共产党的好参谋、好帮手、好同事。

（三）加强民主监督

民主监督是指中国共产党和各民主党派实行互相监督。中国共产党处于领导和执政地位，更需要自觉接受民主党派的监督。民主党派和无党派人士的民主监督是指在坚持四项基本原则的基础上，通过提出意见、批评、建议的方式对中国共产党进行的政治监督。加强民主监督：对中国共产党而言，要容得下尖锐批评，做到有则改之、无则加勉；对党外人士而言，要敢于讲真话，敢于讲逆耳之言，真实反映群众心声，做到知无不言、言无不尽。为了加强民主监督，《条例》明确了民主监督的十种形式。特别是近年来中共中央委托民主党派开展脱贫攻坚民主监督，探索出了一条民主监督的新路，丰富和发展了民主监督的理论与实践。

【拓展阅读】

开展脱贫攻坚民主监督，为中共中央
决策部署提供参考

2020 年 9 月上旬，民进中央主要领导率调研组赴湖南开展脱贫攻坚民主监督调研。走进绿树掩映的花垣县十八洞村，调研组重点关注疫情对基层脱贫一线的影响、地方在实践中是否有可供复制推广的好经验、如何实现巩固拓展脱贫攻坚成果与乡村振兴有效衔接等方面的议题。

据悉，自 2016 年以来，民进中央主要领导已经 8 次到湖南农村，围绕精准扶贫、精准脱贫政策落实进行民主监督调研。结合调研中发现的问题，民进中央向中共中央、国务院先后报送了关于解决深度贫困地区三个根本性问题、关于扶贫政策执行、关于推进健康扶贫与健康中国战略衔接等 13 篇建议。

脱贫攻坚民主监督是民主党派首次对国家重大战略开展专项监督，是促进脱贫攻坚战略部署落实的制度安排，也是坚持完善我国新型政党制度的重要载体。2016 年 6 月，此项工作正式启动。8 个民主党派中央对口 8 个贫困人口多、贫困发生率高的中西部省份，主要聚焦贫困人口精准识别、贫困人口精准脱贫、贫困县摘帽、落实脱贫攻坚责任制、重大政策措施执行、扶贫资金项目管理使用等 6 项工作。各民主党派积极开展调查研究，提出意见建议，推荐专家学者参加专项监督评估，通过地方组织或组织专家学者日常跟进监督；在开展民主监督工作的同时，进行政策宣讲和发现典型经验。

为准确掌握国家精准扶贫精准脱贫基本方略的落实情况，各民主党派中央着力深化监督调研，探索形成一批行之有效的方式方法，取得了明显成效。据统计，5 年来各民主党派中央共组织调研 590 余次，其中领导班子成员带队调研 180 余次。

各民主党派中央坚持把发现问题、研究问题、解决问题贯穿全过程，从中央层面、地方层面等入手，多点发力、多措并举，不断提升脱贫攻坚民主监督的作用和效能。工作开展以来，各民主党派中央共向对口省份各级党委、政府提出意见建议 2400 余条，向中共中央、国务院报送监督报告 40 份、"直通车"意见建议 47 份，为国家脱贫攻坚科学决策、精准施策提供了重要参考。

（资料来源：姜洁《为打赢脱贫攻坚战贡献统战力量——各民主党派、工商联和无党派人士齐心协力助力脱贫攻坚综述》，载《人民日报》2021年2月23日第6版。）

（四）加强民主党派自身建设

2013年2月7日，习近平总书记在同党外人士共迎新春时的讲话中首次提出，"各民主党派是同中国共产党通力合作的中国特色社会主义参政党"[①]。这一新界定，标志着民主党派的性质实现了历史性的飞跃，意味着民主党派自身建设新的更高要求。中国特色社会主义进入新时代，多党合作要有新气象，思想共识要有新提高，履职尽责要有新作为，参政党要有新面貌。民主党派要着力加强思想建设、组织建设、制度建设，特别是领导班子建设，提高政治把握能力、参政议政能力、组织领导能力、合作共事能力和解决自身问题能力，把中国特色社会主义参政党建设提高到新水平。

二、做好民族工作，铸牢中华民族共同体意识

"一部中国史，就是一部各民族交融汇聚成多元一体中华民族的历史，就是各民族共同缔造、发展、巩固统一的伟大祖国的历史。"[②] 中华民族是各民族共有的大家庭，党的十九大把"铸牢中华民族共同体意识"写入党章。巩固和发展我国社会主义民族关系，必须深化民族团结进步教育，铸牢中华民族共同体意识，加强各民族交往交流交融，促进各民族像石榴籽一样紧紧抱在一起。中华民族共同体意识，是国家统一之基、民族团结之本、精神力量之魂。

回顾党的百年历程，党的民族工作取得的最大成就，就是走出了一条

[①] 张烁、刘建生：《习近平同党外人士共迎新春》，载《人民日报》2013年2月8日第1版。
[②] 习近平：《在全国民族团结进步表彰大会上的讲话》，载《人民日报》2019年9月28日第2版。

中国特色解决民族问题的正确道路。改革开放特别是党的十八大以来，我们党强调中华民族大家庭、中华民族共同体、铸牢中华民族共同体意识等理念，既一脉相承又与时俱进地贯彻党的民族理论和民族政策，积累了把握民族问题、做好民族工作的宝贵经验，形成了党关于加强和改进民族工作的重要思想，概括起来有以下方面。

一是必须从中华民族伟大复兴战略高度把握新时代党的民族工作的历史方位，以实现中华民族伟大复兴为出发点和落脚点，统筹谋划和推进新时代党的民族工作。

二是必须把推动各民族为全面建设社会主义现代化国家共同奋斗作为新时代党的民族工作的重要任务，促进各民族紧跟时代步伐，共同团结奋斗、共同繁荣发展。

三是必须以铸牢中华民族共同体意识为新时代党的民族工作的主线，推动各民族坚定对伟大祖国、中华民族、中华文化、中国共产党、中国特色社会主义的高度认同，不断推进中华民族共同体建设。

四是必须坚持正确的中华民族历史观，增强对中华民族的认同感和自豪感。

五是必须坚持各民族一律平等，保证各民族共同当家作主、参与国家事务管理，保障各族群众合法权益。

六是必须高举中华民族大团结旗帜，促进各民族在中华民族大家庭中像石榴籽一样紧紧抱在一起。

七是必须坚持和完善民族区域自治制度，确保党中央政令畅通，确保国家法律法规实施，支持各民族发展经济、改善民生，实现共同发展、共同富裕。

八是必须构筑中华民族共有精神家园，使各民族人心归聚、精神相依，形成人心凝聚、团结奋进的强大精神纽带。

九是必须促进各民族广泛交往交流交融，促进各民族在理想、信念、情感、文化上的团结统一，守望相助、手足情深。

十是必须坚持依法治理民族事务，推进民族事务治理体系和治理能力现代化。

十一是必须坚决维护国家主权、安全、发展利益，教育引导各民族继承和发扬爱国主义传统，自觉维护祖国统一、国家安全、社会稳定。

十二是必须坚持党对民族工作的领导，提升解决民族问题、做好民族工作的能力和水平。

我们党关于加强和改进民族工作的重要思想，是党的民族工作理论和实践的智慧结晶，是新时代党的民族工作的根本遵循，全党必须完整、准确、全面把握和贯彻。

铸牢中华民族共同体意识是新时代党的民族工作的"纲"。做好新时代党的民族工作，要把铸牢中华民族共同体意识作为党的民族工作的主线。铸牢中华民族共同体意识，就是要引导各族人民牢固树立休戚与共、荣辱与共、生死与共、命运与共的共同体理念。铸牢中华民族共同体意识是维护各民族根本利益的必然要求，只有铸牢中华民族共同体意识，构建起维护国家统一和民族团结的坚固思想长城，各民族共同维护好国家安全和社会稳定，才能有效抵御各种极端、分裂思想的渗透颠覆，才能不断实现各族人民对美好生活的向往，才能实现好、维护好、发展好各民族根本利益。铸牢中华民族共同体意识是实现中华民族伟大复兴的必然要求，只有铸牢中华民族共同体意识，才能有效应对实现中华民族伟大复兴过程中民族领域可能发生的风险挑战，才能为党和国家兴旺发达、长治久安提供重要思想保证。铸牢中华民族共同体意识是巩固和发展平等、团结、互助、和谐社会主义民族关系的必然要求，只有铸牢中华民族共同体意识，才能增进各民族对中华民族的自觉认同，夯实我国民族关系发展的思想基础，推动中华民族成为认同度更高、凝聚力更强的命运共同体。铸牢中华民族共同体意识是党的民族工作开创新局面的必然要求，只有顺应时代变化，按照增进共同性的方向改进民族工作，做到共同性和差异性的辩证统一、民族因素和区域因素的有机结合，才能把新时代党的民族工作做好做细做扎实。

三、团结社会主义宗教界人士，积极引导宗教与社会主义社会相适应

党的十八大以来，党中央提出一系列关于宗教工作的新理念新举措，回答了新时代怎样认识宗教、怎样处理宗教问题、怎样做好党的宗教工作等重大理论和实践问题。做好我国的宗教工作，关键是要坚持"九个必须"：必须深刻认识做好宗教工作在党和国家工作全局中的重要性，必须建立健全强有力的领导机制，必须坚持和发展中国特色社会主义宗教理论，必须坚持党的宗教工作基本方针，必须坚持我国宗教中国化方向，必

须坚持把广大信教群众团结在党和政府周围，必须构建积极健康的宗教关系，必须支持宗教团体加强自身建设，必须提高宗教工作法治化水平。

我国是一个多宗教的国家，主要有佛教、道教、伊斯兰教、天主教和基督教等宗教，信教公民近2亿，宗教教职人员38万余人。①此外还存在多种民间信仰，与当地传统文化和风俗习惯结合在一起，参与民间信仰活动的群众较多。我国宗教工作形势总体是好的，党的宗教工作基本方针得到贯彻，宗教活动总体平稳有序，宗教界人士和信教群众在经济社会发展中发挥了积极作用。但要看到，不仅我们在团结信教群众，敌对势力也在争夺信教群众，试图将其演变为同党和政府对抗的力量。他们利用天主教、基督教和伊斯兰教等宗教对我国进行的渗透破坏活动不断加剧，且呈组织化、系统化、精细化态势。此外，伊斯兰教某些派别的极端化问题，佛教、道教的商业化等相关问题也受到越来越多的关注。

宗教问题始终是我们党治国理政必须处理好的重大问题，宗教工作在党和国家工作全局中具有特殊重要性，关系中国特色社会主义事业发展，关系党同人民群众的血肉联系，关系社会和谐、民族团结，关系国家安全和祖国统一。要全面贯彻党的宗教信仰自由政策，依法管理宗教事务，坚持独立自主自办原则，积极引导宗教与社会主义社会相适应。

积极引导宗教与社会主义社会相适应，要坚持用马克思主义立场、观点、方法认识和对待宗教，遵循宗教和宗教工作规律，深入研究和妥善处理宗教领域各种问题，结合我国宗教发展变化和宗教工作实际，不断丰富和发展中国特色社会主义宗教理论，更好地指导我国宗教工作实践。要全面把握宗教存在的长期性以及宗教作为一种社会现象的复杂性，辩证看待宗教社会作用的两重性，清醒认识宗教工作本质上是群众工作。坚持用"导"的态度对待宗教，在"导"上想得深、看得透、把得准，做到"导"之有方、"导"之有力、"导"之有效，因势利导，趋利避害。

积极引导宗教与社会主义社会相适应，要坚持我国宗教的中国化方向。这是抵御境外宗教渗透的必然要求，是遏制宗教极端思想的重要举措，是我国各宗教生存发展的必然选择。坚持我国宗教的中国化方向，要引导和支持我国宗教以社会主义核心价值观为引领，增进宗教界人士和信教群众对伟大祖国、中华民族、中华文化、中国共产党、中国特色社会主

---

① 中华人民共和国国务院新闻办公室：《中国保障宗教信仰自由的政策和实践》，人民出版社2018年版，第10页。

义的认同。要在宗教界开展爱国主义、集体主义、社会主义教育，有针对性地加强党史、新中国史、改革开放史、社会主义发展史教育，引导宗教界人士和信教群众培育和践行社会主义核心价值观，弘扬中华文化。要坚持总体国家安全观，坚持独立自主自办原则，统筹推进相关工作。要加强互联网宗教事务管理。要切实解决影响我国宗教健康传承的突出问题。

积极引导宗教与社会主义社会相适应，要完整、准确、全面贯彻党的宗教信仰自由政策，尊重群众宗教信仰，依法管理宗教事务，坚持独立自主自办原则。党的宗教工作的本质是群众工作。信教群众和不信教群众在政治上、经济上的根本利益是一致的，都是党执政的群众基础。既要保护信教群众宗教信仰自由权利，最大限度团结信教群众，也要耐心细致做信教群众工作。宗教团体是党和政府团结、联系宗教界人士和广大信教群众的桥梁和纽带，要为他们开展工作提供必要的支持和帮助，尊重和发挥他们在宗教内部事务中的作用。

积极引导宗教与社会主义社会相适应，要把宗教治理纳入国家治理体系之中，提高宗教工作法治化水平，用法律规范政府管理宗教事务的行为，用法律调节涉及宗教的各种社会关系。要完善宗教方面的法律法规，善于运用法治思维和法治方式处理和解决宗教领域的矛盾和问题，教育引导广大信教群众正确认识和处理国法和教规的关系，树立法律面前人人平等的理念。

处理我国宗教关系，引导宗教与社会主义社会相适应，必须牢牢把握坚持党的领导、巩固党的执政地位、强化党的执政基础这个根本，必须坚持政教分离，坚持宗教不得干预行政、司法、教育等国家职能实施，坚持政府依法对涉及国家利益和社会公共利益的宗教事务进行管理，坚决依法打击宗教极端势力。各级党委要提高处理宗教问题的能力，加强对党关于宗教工作的理论和方针政策的学习宣传，建立健全强有力的领导体制。党的基层组织特别是宗教工作任务重的地方基层组织，要切实做好宗教工作，加强对信教群众的工作。

四、加强党外知识分子工作，做好新的社会阶层人士工作

党外知识分子工作，是统一战线的基础性、战略性工作。知识分子是

生产力的开拓者、文化的创造者、知识的传播者，必须把他们紧紧团结在党的周围，发挥他们的智慧和才能。总结新中国成立以来我们党处理知识分子问题的历程可以看出：什么时候处理得好，党和人民事业就蓬勃发展；什么时候处理得不好，党和人民事业就容易遭受挫折。这是一条历史经验，一定要牢牢记取。①

党外知识分子是一支了不起的政治力量。在我国具有大专以上学历的知识分子中，党外知识分子约占 3/4。当前，党外知识分子队伍构成更加多样，需要针对不同特点分类施策。高等院校、科研院所、国有企业党外知识分子密集，是党外知识分子工作的重要阵地。存在的主要问题是：只抓业务不抓思想，甚至以物质刺激代替政治引导；做思想工作简单化，只是读读报纸、念念文件，没有什么实效。因此，做党外知识分子工作，不仅要增强责任意识、配强工作力量，还要改进工作方法，学会同党外知识分子打交道，特别是做思想政治工作的本领。经济组织、新社会组织中的党外知识分子，如律师、会计师、评估师、税务师等专业人士，是改革开放以来快速成长起来的社会群体，主要在党外、体制外，流动性很大，思想比较活跃。做他们的工作，一般化的方式不太管用，要运用我们党历来的一个好办法——组织起来。组织起来不仅要注重发挥党政机关、企事业单位、人民团体的作用，而且要注重发挥各类新经济组织、新社会组织的作用，通过党外知识分子根据自己的职业或兴趣加入的组织了解情况、开展工作，对其中的代表人士更要重点培养，引导他们发挥积极作用。留学人员是我国人才队伍的重要组成部分，也是统战工作新的着力点。从 1978 年到 2017 年年底，各类出国留学人员累计已达 519.49 万人，其中有共计 313.20 万名留学生在完成学业后选择回国发展，占已完成学业留学生人数的 83.73%。② 2016 至 2019 年，我国出国留学人数 251.8 万人，回国 201.3 万人，学成回国占比达八成。③ 为此，要继续坚持支持留学、鼓励回国、来去自由、发挥作用的方针，鼓励留学人员回国工作或以多种方式为国服务。要针对留学人员反映比较多的回国后适应国情难的问题，采取

---

① 参见中共中央文献研究室编《习近平关于社会主义政治建设论述摘编》，中央文献出版社 2017 年版，第 133 页。

② 《2017 年出国留学、回国服务规模双增长》，见中华人民共和国教育部网站（http://www.moe.gov.cn/jyb_xwfb/gzdt_gzdt/s5987/201803/t20180329_331771.html）。

③ 王家源、焦以璇：《教育部：2016—2019 年我国留学生学成回国占比达八成》，见中国教育新闻网（http://www.jyb.cn/rmtzcg/xwy/wzxw/202012/t20201222_384114.html）。

适合他们特点的方式方法，加强教育引导，体现热情关怀，帮助他们增进对国情的认知，把所学知识同我国实际结合起来，发扬留学报国传统。

新的社会阶层人士主要包括：民营企业和外商投资企业管理技术人员、中介组织和社会组织从业人员、自由职业人员、新媒体从业人员等。改革开放以来，我国的经济社会发展不断加速，社会阶层的构成也发生了前所未有的变化，不断有新的社会阶层产生，这就要求统一战线要不断适应我国经济社会的快节奏，不断发展统一战线的工作方法和策略，将新的社会阶层纳入统一战线工作中来。对待新的社会阶层人士，要坚持信任尊重、团结引导、组织起来、发挥作用的思路，运用社会化、网络化的方法，通过实践创新基地、联谊组织等形式，分类分众施策，强化思想引领，凝聚政治共识，发挥新的社会阶层人士在建设中国特色社会主义事业中的重要作用。

【拓展阅读】

欧美同学会：坚持党的领导，积极推动
留学人员统一战线工作

欧美同学会（中国留学人员联谊会）是由中央书记处领导、中央统战部代管的全国性留学人员组织，成立于1913年。1913年10月，在辛亥革命创立共和、建立民国的时代潮流下，欧美同学会在北京诞生，顾维钧、周诒春、詹天佑、蔡元培等知名海归成为创立者和早期会员。2003年增冠"中国留学人员联谊会"会名。欧美同学会（中国留学人员联谊会）现有42家地方组织，2家团体会员，15个国别和地区分会，个人会员突破22万人，与主要留学国家的100多个海外留学人员团体建立了密切联系。

党的十八大以来，以习近平同志为核心的党中央高度重视欧美同学会发展。2013年10月，习近平总书记出席欧美同学会成立100周年庆祝大会并发表重要讲话，重要讲话成为欧美同学会开展工作、发挥作用的行动指南和根本遵循。2016年8月，中共中央办公厅下发《关于加强欧美同学会（留学人员联谊会）建设的意见》，进一步明确了欧美同学会新时代发展方向。

近年来，欧美同学会坚持按照中央统战工作会议、中央党的群团会议和《中央关于加强对欧美同学会（留学人员联谊会）建设的意见》精神，围绕中心，服务大局，着力在助力脱贫攻坚，服务"一带一路"建设，讲好中国故事等党和国家中心任务中实现新的突破。2017年，欧美同学会确定了贵州、甘肃、宁夏深度贫困的"三省（区）四县三镇一乡"作为定点帮扶地区，在助力当地产业扶贫、健康医疗扶贫、教育扶贫、就业扶贫上取得了积极成效。2018年5月，欧美同学会首届数字经济与人工智能大会落地成都，成为助力地方经济社会发展的一件大事；2018年9月，欧美同学会召开历史上第一个脱贫攻坚工作会议，陈竺会长向各级各类留学人员组织和全体留学人员发出号召；2018年9月，第三届中法文化论坛在西安成功举办，该活动被纳入中法人文交流机制……

（资料来源：欧美同学会《留学生》杂志编辑部《欧美同学会的这个座谈会为什么这么重要?》，见欧美同学会微信公众号，https://mp. weixin. qq. com/s/dcj8r1PN2oguJr9deKQghw。）

五、构建亲清新型政商关系，促进非公有制经济健康发展和非公有制经济人士健康成长

非公有制经济人士，主要指非公有制企业主要出资人并以经营管理为主要职业的人士。改革开放40年来，我国民营经济从小到大、从弱到强，不断发展壮大。2012—2021年，我国民营企业数量从1085.7万户增长到4457.5万户，10年间翻了两番，民营企业在企业总量中的占比由79.4%提高到92.1%。[①] 全国登记在册个体工商户已达1.03亿户，占市场主体总量的2/3。[②] 概括起来说，民营经济具有"五六七八九"的特征，即贡献了50%以上的税收，60%以上的国内生产总值，70%以上的技术创新成

[①] 参见林丽鹏《民营企业数量10年翻两番（新数据 新看点）》，载《人民日报》2022年3月23日第1版。

[②] 参见林丽鹏《全国个体工商户超1亿户（新数据 新看点）》，载《人民日报》2022年2月10日第1版。

果，80%以上的城镇劳动就业，90%以上的企业数量。① 民营经济已经成为推动我国发展不可或缺的力量，成为创业就业的主要领域、技术创新的重要主体、国家税收的重要来源，为我国社会主义市场经济发展、政府职能转变、农村富余劳动力转移、国际市场开拓等发挥了重要作用。促进非公有制经济健康发展和非公有制经济人士健康成长，必须坚持和完善我国社会主义基本经济制度，毫不动摇巩固和发展公有制经济，毫不动摇鼓励、支持、引导非公有制经济发展。

民营经济是我国经济制度的内在要素，民营企业和民营企业家是我们自己人。民营经济是推动社会主义市场经济发展的重要力量，也是我们党长期执政、团结带领全国人民实现"两个一百年"奋斗目标和中华民族伟大复兴中国梦的重要力量。在全面建设社会主义现代化国家的新征程中，民营经济只能壮大、不能弱化，不仅不能"离场"，而且要走向更加广阔的舞台。

非公有制经济要健康发展，前提是非公有制经济人士健康成长。要按照团结、服务、引导、教育的方针，一手抓鼓励支持，一手抓教育引导，引导非公有制经济人士做合格的中国特色社会主义事业建设者。广大非公有制经济人士要加强自我学习、自我教育、自我提升；要珍视自身的社会形象，热爱祖国、热爱人民、热爱中国共产党，践行社会主义核心价值观，弘扬企业家精神，做爱国敬业、守法经营、创业创新、回报社会的典范；要讲正气、走正道，做到聚精会神办企业、遵纪守法搞经营，在合法合规中提高企业竞争能力；要练好企业内功，特别是要提高经营能力、管理水平，完善法人治理结构；要继承和发扬老一辈人艰苦奋斗、敢闯敢干、聚焦实业、做精主业的精神，努力把企业做强做优。

促进非公有制经济健康发展和非公有制经济人士健康成长，关键在于构建新型政商关系。新型政商关系概括起来说，就是"亲""清"两个字。习近平总书记指出：对领导干部而言，"亲"就是要坦荡真诚同民营企业接触交往，真心实意支持民营经济发展；"清"就是清白纯洁，不搞权钱交易。② 对民营企业家来说，就是讲真话说实情建诤言，遵纪守法办企业、光明正大搞经营。各级党委和政府要把支持民营企业发展作为一项重要任务，花更多时间和精力关心民营企业发展、民营企业家成长。领导

① 参见习近平《在民营企业座谈会上的讲话》，人民出版社2018年版，第4-5页。
② 参见《习近平谈治国理政》（第二卷），外文出版社2017年版，第264-265页。

干部同民营企业家打交道既要守住底线、把好分寸，又要重视他们的正当要求，保护他们的合法权益，积极主动为民营企业服务，帮助他们排忧解难，为民营经济发展营造良好的政治生态环境。工商联是党和政府联系非公有制经济人士的桥梁和纽带。统战工作要向商会组织有效覆盖，发挥工商联对商会组织的指导、引导、服务职能，确保商会发展的正确方向。

亲清政商关系的本质是有为政府与有效市场的统一，也是优化营商环境的重要内容。在我国进入新发展阶段的背景下，加快构建亲清政商关系，对于进一步净化政治生态和经济生态，做好"六稳"工作、落实"六保"任务，构建新发展格局、推动高质量发展，具有重要的战略意义。为此，要着力推进有效市场和有为政府的有机结合。亲清政商关系在本质上体现的是有效市场和有为政府的辩证统一，要在二者间寻求最佳结合点，形成相互间的同频共振。一方面，要充分发挥市场在资源配置中的决定性作用，最大限度减少政府对市场资源的直接配置和对微观经济活动的直接干预；另一方面，要积极作为、靠前服务，引导支持企业攻坚克难、健康发展，重塑积极有为且具有服务意识的政府定位。为此，一要健全常态化政商沟通机制，完善联系企业制度，推行"企业服务日""企业家恳谈日"等制度，畅通企业直接向党政机关和领导干部反映问题、提出意见建议的渠道。二要完善企业家参与涉企政策制定和执行机制，充分发挥企业家身处市场一线对市场反应最直接、对环境变化最敏感的优势，形成涉企政策制定多听企业家意见和建议的常态长效机制，从而保持政策的连续性、稳定性，完善涉企政策调整程序，合理设置缓冲过渡期。三要创新"需求导向"的政策设计模式，聚焦企业需求，及时了解和掌握企业发展动态和诉求，实现从企业诉求出发的政策制定、兑付、评价、交流的服务闭环。

六、做好海外统一战线工作，加强海内外中华儿女大团结

港澳台同胞是实现中华民族伟大复兴和国家统一的重要力量，海外侨胞是建设中国特色社会主义的宝贵财富。团结统一的中华民族是海内外中华儿女共同的根，博大精深的中华文化是海内外中华儿女共同的魂，实现中华民族伟大复兴是海内外中华儿女共同的梦。因此，以爱国主义为政治基础，以实现中华民族伟大复兴为最大公约数，团结港澳同胞、台湾同

胞、海外侨胞在支持国家现代化建设、支持祖国统一和"一国两制"、维护世界和平上发挥作用，是新时代爱国统一战线的使命和任务。

随着"一国两制"深入实施、两岸关系和平发展、我国国际地位显著提高，统一战线两个范围联盟中的成员流动更加频繁、联系日趋紧密。这为做好港澳工作、对台工作、侨务工作带来了有利条件，同时也出现了一些新情况新问题，主要是在争取人心认同上形势比较严峻。因此，在港澳工作、对台工作、侨务工作中，要发挥统一战线争取人心的作用。

做好港澳统一战线工作，要全面准确贯彻"一国两制""港人治港""澳人治澳"、高度自治的方针，严格依照宪法和基本法办事，牢牢掌握中央依照宪法对香港、澳门全面管制权，支持特别行政区行政长官和政府依法施政，坚持爱国者为主体，发展壮大爱国爱港、爱国爱澳力量，增强香港同胞、澳门同胞的国家意识和爱国精神，保持香港、澳门长期繁荣稳定。

祖国必须统一，也必然统一。做好对台统一战线工作，要继续坚持"和平统一、一国两制"方针，坚持一个中国原则，坚决挫败任何形式的"台独"分裂图谋。我们要紧密团结两岸中国人、海内外中华儿女，顺应历史大势，超越政治分歧这一影响两岸关系行稳致远的总根子，共担民族大义，共同推动两岸关系和平发展。我们要在坚持一个中国原则基础上，共同维护和平统一前景。

"中国人不打中国人"，"中国人要帮中国人"。我们在台湾问题上不承诺放弃使用武力，针对的是外部势力干涉和极少数"台独"分裂分子及其分裂活动，而非台湾人民。我们要同台湾人民携手同心，共同推动民族复兴，实现和平统一目标；民主协商探索"两制"的台湾方案，丰富和平统一实践；不断深化两岸融合发展，夯实和平统一基础；努力实现心灵契合，增进和平统一认同。做好海外统一战线工作，要把广大海外侨胞和归侨侨眷紧密团结起来，凝聚侨心、汇集侨智、发挥侨力、维护侨益，引导其致力于祖国现代化建设及和平统一大业，推进全球反"独"促统活动，传承和弘扬中华优秀文化，增进中国人民与世界各国人民的友谊。

七、加强党外代表人士队伍建设

党外代表人士是指与中国共产党团结合作、作出较大贡献、有一定社会影响的人士，其标准是政治坚定、业绩突出、群众认同。加强党外代表人士队伍建设，是我们党的一贯政策，目的是培养造就一支自觉接受中国共产党领导、坚定不移地走中国特色社会主义道路、具有较强代表性和参政议政能力的党外代表人士队伍。

加强党外代表人士队伍建设，要抓好发现、培养、使用和管理四个环节。

一是发现环节。要开阔选人视野，着力解决"少数人中选人"的问题。继续发挥高等学校、科研院所培养和选拔党外代表人士的重要基地作用，注意从国家机关、国有企事业单位发现党外代表人士，同时把新的社会阶层人士、归国留学人员纳入视野，有针对性地物色培养一批优秀党外代表人士。要有意识地把一部分优秀人才留在党外，为培养一批同我们党亲密合作、可堪重用的党外代表人士涵养水源。

二是培养环节。用人之基在储才，储才之要在育才，要把着力点放在培养上。培养要下功夫，尤其要在思想政治上下功夫，引导党外优秀人才自觉学习中国特色社会主义理论、自觉践行社会主义核心价值观，自觉弘扬中华传统美德，努力做政治上的"明白人"。要坚持理论培训和实践锻炼相结合，通过理论培训坚定理想信念、增进政治认同，通过实践锻炼丰富经历阅历、提高素质能力。对重点人选，可以放到正职岗位、重要岗位上去历练，帮助他们砥砺品格、增长才干。要发挥好社会主义学院作为统一战线人才教育培养主阵地作用。

三是使用环节。党外代表人士工作的重点是科学使用、发挥作用。要着力解决认为党外干部水平低、不能安排，没位子、不好安排，甚至把安排看成是对党外人士的"恩赐"的问题，加大党外人士的安排力度。保证党外代表人士在各级人大代表中应当占有适当比例，政府领导班子配备党外干部，在各级政协中应当占有较大比例，各级人民法院、人民检察院领导班子配备党外干部。

四是管理环节。统战部门负责牵头协调党外代表人士管理工作。党委有关部门、人大和政协党组、党外代表人士所在单位党组织，应当各负其责，加强日常管理考核。发挥党外代表人士所在党派和团体自我管理、自我教育、自我监督的作用。

第三节　统一战线是党领导的统一战线

一、做好新时代统战工作，最根本的是要坚持党的领导

中国共产党领导是中国特色社会主义最本质的特征，是中国特色社会主义的最大优势，也是统一战线必须坚持的基本原则。统一战线是在中国共产党领导下的统一战线，党的领导是统一战线这个最大同心圆的圆心。做好统战工作，要把坚持党的领导放在核心地位。《中国共产党统一战线工作条例》规定坚持中国共产党的领导是统一战线工作的首要原则，明确了党在统一战线工作中总揽全局、协调各方的领导地位。

中国共产党领导是统一战线最鲜明的特征，坚持党的领导是统一战线最根本、最核心的问题。中国共产党对统一战线实行坚强正确的领导，是中国统一战线的根本特点，也是统一战线在长期的革命、建设、改革实践中发挥重大作用的根本保证。在新时代，必须加强党对统一战线工作的集中统一领导，保证统一战线始终沿着正确政治方向前进。

总结我们党的历史经验，可以得出这样的结论：没有统一战线，党的事业不可能取得胜利；没有党的坚强领导，统一战线不可能巩固壮大。习近平总书记指出，做好新形势下统战工作，必须掌握规律、坚持原则、讲究方法，最根本的是要坚持党的领导。统一战线是党领导的统一战线。①在统战工作中，实行的政策、采取的措施都要有利于坚持和巩固党的领导地位和执政地位。党的领导是新时代统一战线健康发展的根本保证。统战工作要始终围绕有利于加强和巩固党的领导而开展，在强化党对统一战线的领导权问题上，要旗帜鲜明、理直气壮。同时必须明确，党对统一战线的领导主要是政治领导，即政治原则、政治方向和重大方针政策的领导，

---

① 参见《习近平谈治国理政》（第二卷），外文出版社 2017 年版，第 303 页。

主要体现为党委领导而不是部门领导、集体领导而不是个人领导。①

坚持党的领导要坚定不移，但在这个过程中也要尊重、维护、照顾同盟者的利益，帮助党外人士排忧解难。这是我们党的职责，也是实现党对统一战线领导的重要条件。坚持中国共产党的领导，不是不要民主，而是要形成更广泛、更有效的民主。加强社会主义协商民主建设，就是为了发扬民主、集思广益，避免发生大的失误。民主和协商是实现党的领导的重要方式。通过发扬民主、广泛协商，可以使统一战线广大成员更加普遍地认同党的主张，更加自觉地团结在党的周围，跟党走。

坚持中国共产党对统一战线的领导，要求我党与时俱进，不断完善党对统一战线的领导。具体说来有以下三点：一是会领导。统战工作具有很强的政治性。做好党外人士思想政治工作，巩固共同思想政治基础，是统战工作的主要内容。要重视思想政治引导，关注党外人士思想活动，善于用谈心说理的办法阐明重大问题的原则立场。二是懂政策。政策性强，也是统战工作的一个重要特征。统一战线中的各种关系、各种问题，很多都要靠政策来调节。不学习、不熟悉统战政策，遇到问题就会荒腔走板、动作变形。三是讲方法。统战工作还有一个重要特征，就是讲求很强的工作艺术。统战工作是党的特殊的群众工作，要有特殊的方式方法。要学会跟党外人士谈心交心，不能说话官腔十足，发言照本宣科，说完就走人，人情味少，程式化多，让党外人士感觉自己像外人。

二、坚持大统战工作格局

统战工作是全党的工作，必须全党重视，大家共同来做。要从思想上真正认识到，统战工作是各级党委必须做好的分内事、必须种好的责任田。统战工作具有战略性、全局性、工作范围广的特点，凡是有党外人士的地方就有党的统战工作。统一战线无小事，统战工作涉及的主要是同党外的关系，处理不好就可能影响大局。因此，要坚持党委统一领导、统战部牵头协调、有关方面各负其责的大统战工作格局，形成工作合力。构建党委统一领导、统战部牵头协调、有关方面各负其责的大统战工作格局，

---

① 中共中央文献研究室编：《十八大以来重要文献选编》（中），中央文献出版社2016年版，第561页。

是基于统一战线性质和特点的深刻把握，是发挥统一战线凝心聚力优势和作用的重要保证。要发挥统一战线工作领导小组作用，不断提升议事协调效能，充分调动党政、群团、社会组织等方方面面的资源力量，切实形成工作合力。

各级党委要加强对统一战线工作的领导，承担统一战线工作主要职责，把统战工作摆在重要位置，真正把统战工作纳入党委重要议事日程，纳入党政领导班子考核内容，纳入宣传工作计划，纳入党校（行政学院）、干部学院、社会主义学院的重要教学内容。各地区各部门各单位党委（党组）主要负责人为统一战线工作第一责任人，各级党政领导干部要带头学习宣传和贯彻落实党的统一战线理论、方针、政策和法律法规，带头参加统一战线重要活动，带头广交深交党外朋友。2015年中央统战工作会议之后，中央、地方和一些相关部门的党委相继成立统一战线工作领导小组，对统一战线贯彻落实中央重大方针、政策、法律法规情况进行研究、协调指导和督促检查，从根本上解决"统一战线不统一"问题，进一步加强党对统战工作的集中统一领导、切实理顺统战工作领导体制，形成了全党做统战工作的合力、促成全党重视统一战线的新局面。

形成大统战工作格局，要发挥统战部牵头协调、有关方面各负其责的作用。统战部作为党委主管统一战线工作的职能部门，是党委统战工作的参谋机构、组织协调机构、具体执行机构、督促检查机构，担负着了解情况、掌握政策、协调关系、安排人事、增进共识、加强团结等重要职责。统战部要加强同其他部门和方面的联系沟通，更好发挥参谋、组织、协调、督促的作用，加强同政协组织的沟通协调配合，加强对参事室、文史研究馆的工作指导，支持配合外事、对台、港澳等工作部门做好相关工作。各有关部门和人民团体要增强统战意识，搞好分工协作。党委有关部门各司其职、守土有责，积极贯彻落实政策、推进统战工作，各级人大、政府、政协和司法机关党组织要积极搞好同党外人士的合作共事。工会、共青团、妇联等人民团体以及相关企事业单位的党组织也要积极做好统战工作。

三、加强统战部门和统战干部队伍建设

坚持和完善党对统一战线的领导，必须加强统战部门和统战干部队伍建设，打造一支高素质的统战干部队伍。统战工作是百科全书，博大精深。统战部门作为党委的职能部门、统战工作的具体组织者和推动者，自身建设水平直接关系党的统战方针政策的贯彻执行。必须切实加强政治建设、思想建设、组织建设、作风建设、纪律建设，把制度建设贯穿其中，抓好干部教育培训，努力建设一支政治坚定、业务精通、作风过硬的统战干部队伍。

统战干部要不断提高政治判断力、政治领悟力、政治执行力，对"国之大者"了然于胸，把贯彻党中央精神体现到谋划重大战略、制定重大政策、部署重大任务、推进重大工作的实践中去，经常对表对标，及时校准偏差。统战工作是中国共产党与党外人士团结合作的重要工作，统战干部要始终与党中央保持高度一致，不断学习领会党中央的最新统战思想，将党中央的思想落实到具体的统战工作中去。各级党组织和领导干部要有很强的责任意识，守土有责、守土负责、守土尽责，无论什么时候，该做的事，知重负重、攻坚克难，顶着压力也要干；该负的责，挺身而出、冲锋在前，冒着风险也要担。

统战工作做得好不好，统战部门、统战干部至关重要。各级党委要高度重视、加强领导，切实按照新时代统一战线工作的要求，不断推进统战部门和干部队伍建设，强化看齐意识，建设政治坚定、业务精通、作风过硬的高素质领导班子和干部队伍，使统战部门、统战干部真正成为统战领域的行家里手，成为对党绝对忠诚的政治机关、政治工作者。

【拓展阅读】

中央统战部召开党史学习教育总结会议

2022 年 1 月 15 日，中央统战部召开党史学习教育总结会议，深入学习贯彻习近平总书记重要指示和党史学习教育总结会议精神，总结中央统战部党史学习教育成效和经验，对持续巩固拓展党史学习教育成果进行安排部署。中共中央书记处书记、中央统战部部长尤权出席会议并讲话。

会议指出，一年来，中央统战部把开展党史学习教育作为一项重大政治任务，贯彻"学史明理、学史增信、学史崇德、学史力行"的要求，聚焦"两个维护"，精心组织实施，从严从实推进，达到了学党史、悟思想、办实事、开新局的目的。通过党史学习教育，广大党员干部经受了一次全面深刻的政治教育、思想淬炼、精神洗礼，各级党组织的创造力、凝聚力、战斗力大大提升。

会议强调，要聚焦学习贯彻党的十九届六中全会精神，持之以恒推进党史总结、学习、教育、宣传，在政治建设上持续用力，坚定捍卫"两个确立"、做到"两个维护"；在加强党史学习上持续用力，自觉传承红色基因、坚定历史自信；在增强斗争精神上持续用力，着力防范化解风险、维护大局稳定；在坚持群众路线上持续用力，不断深化"我为群众办实事"实践活动；在完善体制机制上持续用力，高质量开好专题会议、抓好成效巩固，推动党史学习教育成果转化为贯彻落实党中央决策部署的积极成效，转化为推动统战工作高质量发展的生动实践，以强烈的历史主动精神奋进新征程、建功新时代，以优异成绩迎接党的二十大胜利召开。

（资料来源：统战新语《中央统战部召开党史学习教育总结会议》，见中共中央统一战线工作部，http://www.zytzb.gov.cn/tzxy/366277.jhtml。）

思考题

1. 如何认识新时代统一战线的法宝地位和作用？
2. 如何做好新时代统一战线工作，画出最大同心圆？
3. 如何理解我国新型政党制度的特色和优势？

第七章　深化党和国家机构改革

全党同志特别是各级领导干部必须站在党和国家事业全局的高度来认识深化党和国家机构改革的重要性和紧迫性，增强"四个意识"，坚定"四个自信"，严明政治纪律和政治规矩，坚决维护党中央权威和集中统一领导，在政治立场、政治方向、政治原则、政治道路上坚定同党中央保持高度一致，自觉把思想和行动统一到党中央决策部署上来，带头贯彻落实党中央的决定和主张。

——《习近平关于"不忘初心、牢记使命"论述摘编》，第120页

党和国家机构改革是政治体制改革的重要内容，也是发展社会主义民主政治的必然要求。落实党的关于深化机构和行政体制改革的要求，党的十九届三中全会审议通过《中共中央关于深化党和国家机构改革的决定》和《深化党和国家机构改革方案》，对新一轮党和国家机构改革作出全面部署，这对在新时代进行伟大斗争、建设伟大工程、推进伟大事业、实现伟大梦想，具有重大现实意义和深远历史意义。

第一节　深化党和国家机构改革，推进国家治理体系和治理能力现代化

推进国家治理体系和治理能力现代化，是一项复杂的系统工程，同党和国家机构设置、职能配置、履职能力密切相关。中共中央《关于深化党和国家机构改革的决定》和《深化党和国家机构改革方案》，第一次从推进国家治理体系和治理能力现代化的高度，论证了党和国家机构改革的战

略性思路。

一、党和国家机构职能体系是我们党治国理政的重要保障

党和国家机构职能体系是以职能为基础建立的一整套机构体系，涵盖党委、人大、政府、政协、群团等方方面面，构成了中国特色社会主义制度的体制基石。其中，中国共产党领导是党和国家机构职能体系的核心，人大、政府、政协、群团等各方面以党的领导为核心，既有分工又有合作，构成支撑中国特色社会主义制度的"四梁八柱"，为我们党治国理政提供组织保障。

制度建设具有管根本、管全局、管长远的作用。深化党和国家机构改革是制度建设中的全局性、系统性工程。党直接领导的对党和国家机构全覆盖全方位改革，是在法治思维规制下严格依法进行的重大政治改革和法治实践。不断推进制度化是我国改革取得成功的重要原因。深化党和国家机构改革是在调整中适应、建设中实施的过程，确保改革部署顺利推进和改革成果取得实效。

在党和国家事业发展的新征程中，只有不断完善党和国家机构职能体系，改革机构设置，优化职能配置，深化转职能、转方式、转作风，才能破除制约发展的体制机制弊端，从根本上解决深层次矛盾和问题，从组织架构、体制机制上推动党和国家事业继续前进。

二、党中央历来高度重视党和国家机构建设和改革

新中国成立后，在中国共产党领导下，我国确立了社会主义基本制度，逐步建立起具有我国特点的党和国家机构职能体系，为我们党治国理政、推进社会主义建设发挥了重要作用。改革开放以来，为适应党和国家工作中心转移、社会主义市场经济发展和加强党的全面领导的需要，党和国家机构改革不断推进。1980年，邓小平同志在《党和国家领导制度的改革》中提出党政分开、精简机构、干部年轻化的意见，意在解决官僚主义、权力过分集中、家长制、干部领导职务终身制和特权等现象，同时他

强调："改革党和国家的领导制度，不是要削弱党的领导，涣散党的纪律，而正是为了坚持和加强党的领导，坚持和加强党的纪律。"①历代中央领导集体遵循着这一思想，先后于 1982 年、1988 年、1993 年、1999 年集中进行了 4 次党中央部门改革，在坚持党政分工不分家原则的基础上，不断加强党的领导，优化党的机构设置和职能配置。

国务院机构先后于 1982 年、1988 年、1993 年、1998 年、2003 年、2008 年、2013 年集中进行了 7 次改革，实现了从计划经济条件下的机构职能体系向社会主义市场经济条件下的机构职能体系的重大转变。这一系列改革坚持了正确方向，抓住了重点领域，解决了突出问题，为坚持和发展中国特色社会主义提供了重要体制机制保障。

在这些改革中，1982 年的改革实行"定编不定人"的方法，精简了各级领导班子，加快了干部队伍年轻化；1988 年的改革首次提出"转变政府职能是机构改革的关键"这一命题，重点是围绕经济改革转变政府职能，淡化经济管理部门的微观管理职能；1993 年的改革是在确立社会主义市场经济体制的背景下进行的，以政企分开为中心，任务是建立适应社会主义市场经济体制的行政管理体制；1998 年的改革以中央政府人员、机构减半为目标，政府职能转变有了重大进展；2003 年的改革以加入世贸组织为大背景，提出了决策、执行、监督三权协调的要求；2008 年、2013 年的改革围绕转变政府职能和理顺部门职责关系，探索建立并稳步推进职能有机统一的大部门体制。

总的来看，改革开放以来，历次机构改革都顺应当时的需要，解决了一些突出问题，取得了积极成效。从改革的历程上看，历次改革都以适应加强党的领导、经济社会不断发展、人民生活不断改善的需要为出发点和落脚点，基本沿着经济体制和社会管理体制改革这条主线，围绕经济调节、市场监管、社会管理、公共服务、生态环保等基本职能展开，改革脉络十分清晰。党的十八大以来，以习近平同志为核心的党中央继续下大力气，推进党和国家机构改革，加强和优化党中央机构设置，设立中央全面深化改革领导小组、中央国家安全委员会、中央网络安全和信息化领导小组、中央军民融合发展委员会等，健全巡视工作机构，实行派驻纪检机构全覆盖，为党和国家事业取得历史性成就、发生历史性变革提供了有力保障。2022 年 10 月，党的二十大明确提出转变政府职能，优化政府职责体

---

① 《邓小平文选》（第二卷），人民出版社 1994 年版，341 页。

系和结构，推进机构、职能、权限、程序、责任法定化，提高行政效率和公信力。深化事业单位改革。深化行政执法体系改革，全面推进严格规范公正文明执法，加大关系群众切身利益的重点领域执法力度，完善行政执法程序、健全行政裁量基准。要深化机构和行政体制改革，统筹考虑各类机构设置，科学配置党政部门及内设机构权力、明确职责。党的十九届三中全会指出，"深化党和国家机构改革是推进国家治理体系和治理能力现代化的一场深刻变革。党和国家机构职能体系是中国特色社会主义制度的重要组成部分"①。这要求我们必须站在新的历史起点上，沿着全面深化改革的历史脉络，审视和推进党和国家机构改革。

2018年3月21日，中共中央印发《深化党和国家机构改革方案》。与以往历次机构改革不同的是，这次机构改革更加注重系统性、整体性、协同性，强调统筹推进党政军群机构改革。既要解决当前最突出矛盾和短板，又要关注基础性和长远性的体制和框架建设。既要深化党政机构改革，又要同步推进群团组织、企事业单位、社会组织的机构改革。既要推动中央层面的改革，又要促进地方和基层的改革。改革力度之大、影响面之广、触及的利益关系之复杂都是少有的，是一场系统性、整体性、重构性的变革。

此次党和国家机构大力度调整改革，是基于习近平总书记治国理政思想的科学决策，是在对改革开放以来我们历次机构改革经验教训深刻总结的基础上，所完成的一个重大的政策和理论创新，充分体现了以习近平同志为核心的党中央治国理政的历史担当和全面深化改革的深谋远虑。

三、深化党和国家机构改革的重大意义

习近平总书记强调："深化党和国家机构改革是放在全面深化改革大盘子里谋划推进的，是我们打的一次全面深化改革的战略性战役。要用好机构改革创造的有利条件，推动全面深化改革向纵深发展，以深化党和国家机构改革新成效，推动开创全面深化改革新局面。"② 机构改革是上层

---

① 《中共中央关于深化党和国家机构改革的决定》，人民出版社2018年版，第4页。
② 转引自徐隽、黄敬文《巩固党和国家机构改革成果 推进国家治理体系和治理能力现代化》，载《人民日报》2019年7月6日第1版。

建筑的自我更新完善，对加强党的领导、适应经济社会发展需要、满足人民对美好生活的向往起着重要支撑保障作用。

（一）深化党和国家机构改革是坚持和加强党的全面领导，加强党的长期执政能力建设的必然要求

党的十九届三中全会提出"形成总揽全局、协调各方的党的领导体系"，党的十九届四中全会提出"健全总揽全局、协调各方的党的领导制度体系"，这是马克思主义政党领导理论和国家理论的新发展，也是中国国家制度和国家治理体系的显著优势。党的全面领导不会自发实现，需要一系列机构设置和职能配置加以保障；党的领导制度体系不是孤立存在的，需要不断完善发展的国家制度和国家治理体系的协作配合。习近平总书记指出："坚持和加强党的全面领导，既是深化党和国家机构改革的内在要求，也是深化党和国家机构改革的重要任务，是贯穿改革全过程的政治主题。"[①]

1. 坚持和加强党的全面领导，必须改善党的领导

我们党领导14亿多人口的社会主义大国，既要政治过硬，也要本领高强，必须不断完善党对一切工作领导的体制机制。新时代，推进中国特色社会主义伟大事业，必须从组织机构上发挥党的领导这个最大制度优势，改进党的领导方式和执政方式，把党的领导贯彻到党和国家机关全面正确履行职责的各领域和各环节，从机构职能上解决好加强党的全面领导问题，从制度上保证党的长期执政和国家长治久安。

2. 坚持和加强党的全面领导，必须不断加强党的长期执政能力建设

党和国家机构是我们党执政的重要载体。加强党的长期执政能力建设，不是空洞抽象的，是贯穿于、渗透于推进党和国家机构改革的各个方面、全部过程之中的，是使党的主张在党和国家机构改革中起主导作用、发挥决定性作用的。党的领导的实施，离不开党和国家机构坚决有效的执行力。当前，一些领域党的机构设置和职能配置还不够科学，保障党的长期执政能力建设的体制机制还有待进一步健全和完善。必须适应新时代的发展，科学设置机构、合理配置职能、统筹使用编制、完善体制机制，使之成为党长期执政能力建设中的"利器"，更好承载进行伟大斗争、建设

---

① 中共中央党史和文献研究院编：《十九大以来重要文献选编（上）》，中央文献出版社2019年版，第275页。

伟大工程、推进伟大事业、实现伟大梦想的历史使命。建立健全党对重大工作的领导体制机制、强化党的组织在同级组织中的领导地位、推进党的纪律检查体制和国家监察体制改革……此次机构改革中一系列重大部署的落地，从机构职能上解决了党对一切工作领导的体制机制问题，解决了党长期执政条件下国家治理体系中党政军群机构职能关系问题，为有效发挥党的领导这一最大制度优势提供了坚实的组织基础和有效的工作体系，确保党的领导更加坚强有力，为实现党和国家长治久安奠定坚实基础。

（二）深化党和国家机构改革是适应新时代有效治理国家和社会，完善社会主义市场经济体制的必然要求

在新时代，党和国家事业发生历史性变革，面临的治国理政任务更加具有挑战性，党和国家机构设置、职能配置、履职能力与有效治理国家和社会的要求相比，还存在不少问题，比如：一些政府机构设置和职责划分不够科学，职责缺位和效能不高问题凸显；一些领域中央和地方机构职能上下一般粗，权责划分不尽合理；一些领域权力运行制约和监督机制不够完善；基层机构设置和权力配置有待完善，组织群众、服务群众能力需要进一步提高；机构编制科学化、规范化、法定化相对落后。这些问题，亟待通过深化党和国家机构改革，从根本上加以解决。

【拓展阅读】

优化政府机构设置和职能配置是重要任务

"疫情防控期间持签证回国探亲途中，得到了浙江台州市出入境管理局王警官的关心帮助。"3月31日，一位网友在国家移民管理局官网留言表达感谢。国家移民管理局挂牌成立以来，主动对接国家重大发展战略，回应中外出入境人员新要求，出台办理出入境证件"只跑一次"制度等多项举措。

"要积极推进直接服务民生、向人民群众提供普遍服务的公共事业部门的改革，最大限度地方便群众。"中央编办有关负责同志表示。

在福建，2016年就探索成立省医保办，有效缓解了医保统筹层次低等问题，但也存在编制少、人手缺等情况，药品采购、价格调整等政策及

操作规范亟待完善。按照国家和省级机构改革部署，福建省组建成立省医保局，在完善组织架构的同时，配齐省市县医保管理经办队伍，开展药械采购、基金管理等培训。

党和国家机构履职更加顺畅高效，各类机构设置和职能配置更加适应统筹推进"五位一体"总体布局和协调推进"四个全面"战略布局需要；省市县主要机构设置和职能配置同中央保持基本对应，构建起从中央到地方运行顺畅、充满活力的工作体系；跨军地改革顺利推进；同步推进相关各类机构改革，改革整体效应进一步增强……在以习近平同志为核心的党中央坚强领导下，党的十九届三中全会部署的改革任务总体完成，取得一系列重要理论成果、制度成果、实践成果。

（资料来源：黄超、黄志刚、全伟《国家治理体系和治理能力现代化的深刻变革》，载《人民日报》2021 年 5 月 3 日第 7 版。）

我们是中国共产党领导的社会主义国家，要根据实际需要，自觉进行机构调整和改革，以利于把我国社会主义制度的优越性充分发挥出来。区别于西方"三权分立"的政治体制，我国政治体制具有高效率的特点，能最大程度地凝聚民心汇聚民智，充分发挥人民群众的主体作用和参与社会治理的热情。党中央"一声号令，万人云从"，极大地提高行政效率和办事效能。深化机构改革，就是要从体制机制上进一步发挥社会主义集中力量办大事的优势，适应新时代国家和社会治理的需要。

经济基础决定上层建筑，上层建筑反作用于经济基础，上层建筑一定要适应经济基础的状况，这是社会发展的基本规律。习近平总书记指出："要使各方面体制改革朝着建立完善的社会主义市场经济体制这一方向协同推进，同时也使各方面自身相关环节更好适应社会主义市场经济发展提出的新要求。"[①]

完善社会主义市场经济体制，核心是处理好政府和市场的关系。实现这一目标，关键是转变政府职能。我国经济已由高速增长阶段转向高质量发展阶段。推动高质量发展，必须以供给侧结构性改革为主线，加快转变发展方式、优化经济结构、转换增长动力，更好推动经济发展质量变革和效率变革、动力变革。与这一要求相比，我国经济发展的体制性障碍还未

---

① 《习近平谈治国理政》（第一卷），外文出版社 2018 年版，第 95 页。

完全消除，特别是政府职能转变还不到位，市场和社会发挥作用还不够充分，有些该管的事没有管好或管到位，有些该放的权没有下放或放到位，对微观经济事务干预过多过细，社会管理和公共服务职能比较薄弱。这些问题的存在，一定程度上制约了社会主义市场经济体制的完善，抑制了经济社会发展活力，同时也容易产生以权谋私、权钱交易等腐败现象，损害党群关系、损害政府威信。这就要围绕使市场在资源配置中起决定性作用和更好发挥政府作用的要求，深化党和国家机构改革，进一步理顺政府与市场、政府与社会的关系，全面正确履行政府职能，推动实现更高质量、更有效率、更加公平、更可持续的发展。

（三）深化党和国家机构改革是坚持以人民为中心，推动解决我国社会主要矛盾的必然要求

在长期的革命、建设和改革实践中，我们党始终积极探索建立和完善为人民服务的党和国家机构职能体系，调动了人民群众管理国家、建设国家的积极性。积极推进党和国家机构改革，各方面机构职能不断优化、逐步规范。进入新时代，我们要通过深化党和国家机构改革，进一步焕发党和国家蓬勃朝气，带领人民创造更加美好的生活。

党和国家机构职能体系是保证人民当家作主的组织形式。发展社会主义民主政治就是要体现人民意志、保障人民权益、激发人民创造活力，用制度体系保证人民当家作主。坚持以人民为中心推进党和国家机构改革，就是要健全人民当家作主制度体系，发展社会主义民主政治。直接民主与间接民主、程序民主与实体民主、选举民主与协商民主有机结合，是我国社会主义民主的显著优势。更好发挥这一优势，需要完善党和国家机构设置、职能配置、制度程序，确保人民当家作主落实到国家政治生活和社会生活中。

坚持以人民为中心推进党和国家机构改革，不仅是践行中国共产党人初心使命的应有之义，也是适应我国社会主要矛盾历史性变化的客观需要。我国社会主要矛盾已经转化为人民日益增长的美好生活需要和不平衡不充分的发展之间的矛盾。社会主要矛盾转化对党的长期执政能力建设、党和国家机构职能体系提出了新的要求。需要通过改革，坚持把增进人民福祉、促进人的全面发展作为改革的出发点和落脚点，改革举措实惠到民，真正为人民谋幸福。需要通过改革，对党和国家机构的教育文化、就业收入、医疗卫生、社会保障等方面职能进行加强，推动幼有所育、学有

所教、劳有所得、病有所医、老有所养、住有所居、弱有所扶。需要通过改革，对党和国家机构的民主保障、法治建设、市场监管、社会治理、生态保护等职能进行强化，推动立法更科学、执法更严格、司法更公正、监管更有力、治理更有效。

第二节　深化党和国家机构改革的目标和任务

党的十九届三中全会提出的深化党和国家机构改革目标明确、任务清晰，时间表非常明确：中央和国家机构改革，2018 年年底前落实到位；省级改革方案，2018 年 9 月底前报中央审批；省以下改革方案，2018 年年底前报党中央备案；所有地方机构改革，2019 年 3 月前基本完成。

从 2018 年党的十九届三中全会拉开党和国家机构改革的大幕，到 2019 年 3 月底按照党中央确定的时间表、路线图，机构改革各项任务总体完成。一年多来，在以习近平同志为核心的党中央坚强领导下，从中央到地方，上下同心，扎实推进，深化党和国家机构改革呈现出气势如虹、势如破竹的崭新局面，各项改革部署迅速落实到位、积极效果逐步显现。

一、深化党和国家机构改革的总体目标

党和国家机构职能体系是由党和国家管理活动各个环节、各个层面、各个领域的相互关系和内在联系构成的有机整体，既有机构层面的，也有职能层面的。深化党和国家机构改革的总目标，就是要构建系统完备、科学规范、运行高效的党和国家机构职能体系。

系统完备就是机构健全、职能配套、机制完善，重点解决党和国家机构职能体系覆盖面问题，确保党的领导全覆盖，确保党的领导更加坚强有力。科学规范就是设置合理、程序严密、于法周延，重点解决党和国家机构职能体系精准度问题，不断提高制度化、规范化、程序化水平。运行高效就是运转协调、执行流畅、监督有力，重点解决党和国家机构职能体系实效性问题，推动党和国家机构职能优化协同高效。概括地讲，就是通过

改革和完善党的领导体系、政府治理体系、武装力量体系、群团工作体系等，推动各类机构、各类职能相互衔接、相互融合，推动党和国家各项工作协调行动、高效运行，构建起适应新时代新任务新要求的党和国家机构设置和职能配置基本框架。

二、完善坚持党的全面领导的制度

深化党和国家机构改革的首要制度安排是完善坚持党的全面领导的制度，具体改革措施有以下四个方面。

（一）组建国家监察委员会

相对独立的监督权是权力制约的重要基础。在我国监督体系中，党内监督是第一位的，也是最行之有效的。为加强党对反腐败工作的统一领导，实现对所有行使公权力的公职人员监察全覆盖，组建国家监察委员会，同中央纪律检查委员会合署办公，履行纪检、监察两项职责，实行一套工作机构、两个机关名称，进一步加强对权力运行的制约和监督，让权力在阳光下运行，把权力关进制度的笼子。

（二）加强和优化党中央决策议事协调机构

党中央决策议事协调机构在治国理政实践中发挥着顶层设计、总体布局、统筹协调和整体推进的重要作用。按主要战线、主要领域适当归并党中央决策议事协调机构，组建中央全面依法治国委员会、中央审计委员会、中央教育工作领导小组；将中央全面深化改革领导小组、中央网络安全和信息化领导小组、中央财经领导小组、中央外事工作领导小组改为委员会，调整优化中央机构编制委员会领导体制。相比于领导小组，委员会的职能范围更广、机构设置更规范、参与成员更多元、统筹协调更有力、决策议事权威性更高。同时，为理顺职责关系、整合力量，撤销部分议事协调机构，将有关职责交由相关职能部门承担。

（三）优化整合党中央直属机构设置和职能配置

优化党中央直属的机关党建、教育培训、党史研究、网信等机构设置和职能配置。组建中央和国家机关工作委员会、中央党校（国家行政学院）、中央党史和文献研究院，优化中央网信办的职责等。通过改革，解决相关领域的职责交叉分散、关系不顺的问题，提高工作效率。

这次机构改革，对机关后勤服务保障方式作了一些探索创新，对于新组建的退役军人事务部、国家医疗保障局、国家国际发展合作署等部门，没有设立单独的后勤服务机构，而是由国家机关事务管理局按照统一项目、统一标准、经费归口、资源共享的原则，统一提供后勤服务，包括办公用房维护、物业管理、公务用车服务、办公设备配备等4大类16个事项，既精简了机构人员、节约了行政资源，又规范了服务类型、提高了工作效能。

（四）加强党中央职能部门的统一归口协调管理职能

坚持一类事情原则上由一个部门统筹，突出核心职能、整合相近职能、充实协调职能，调整党政机关设置和职能配置。由中央组织部统一管理公务员工作，统一管理中央机构编制委员会办公室（简称"中央编办"）；由中央宣传部统一管理新闻出版、电影工作，归口管理新组建的国家广播电视总局、中央广播电视总台；将国家宗教局、国务院侨务办公室并入中央统战部，由中央统战部统一管理宗教、侨务工作，统一领导国家民族事务委员会。这有利于加强党的集中统一领导，同时把缺位的职责补齐，让交叉的职责清晰起来，提高工作效能。

三、优化政府机构设置和职能配置

政府机构改革，重点是调整优化政府机构职能，全面提高政府效能，建设职责明确、依法行政的政府治理体系，建设人民满意的服务型政府，主要在以下六个领域优化完善机构职能。

（一）经济调节领域

党的二十大指出高质量发展是全面建设社会主义现代化国家的首要任务。贯彻新发展理念、建设现代化经济体系的重要部署，适应我国经济由高速增长阶段转向高质量发展阶段的新形势，优化配置宏观管理部门职能，为推动经济发展质量变革、效率变革、动力变革提供体制保障。进一步优化发展改革委和审计署职责，组建国家粮食和物资储备局，重新组建科技部、农业农村部、国家国际发展合作署。

（二）市场监管领域

改革市场监管体系，实行统一的市场监管，是建立统一开放、竞争有序的市场体系的关键环节。为进一步发挥市场在资源配置中的决定性作用，加强市场监管，组建国家市场监督管理总局及国家药品监督管理局、中国银行保险监督管理委员会、国家知识产权局。

（三）社会管理和法治领域

为进一步深化依法治国实践，加强和创新社会治理，推动建设法治政府，健全公共安全体系，重新组建司法部、应急管理部、国家移民管理局，更好地维护公共安全、强化法治管理。

（四）民生保障领域

为保障和改善民生水平，深入实施军民融合发展战略，抓住人民群众最关心最直接最现实的利益问题，强化政府公共服务、社会管理职能，组建退役军人事务部、国家卫生健康委员会、国家医疗保障局，调整全国社会保障基金理事会隶属关系。

【拓展阅读】

深化党和国家机构改革，精准对接
发展所需、基层所盼、民心所向

"治国有常，而利民为本。"这次改革，紧紧围绕人民群众日益增长的美好生活需要履好职、尽好责，在教育文化、市场监管、卫生健康、医疗保障、退役军人服务、移民管理服务等人民群众普遍关心的领域，加大机构调整和优化力度。

"这块光荣牌，让我感到我们是最可爱的人，也是最光荣的人。"不久前，广西壮族自治区退役军人事务厅收到 85 岁退役军人黄祖南写来的一封感谢信。老人一家三代从军。得益于新组建的各级退役军人事务机构，

3400 万户像他一样的家庭挂起了光荣牌，3900 万名退役军人和其他优抚对象获得身份认定和信息采集，8.2 万名军转干部、40 余万名退役士兵得到妥善安置，退役军人荣誉感、获得感不断激发。

通过机构改革，人民群众对高质量公共服务的新需要获得回应，最盼最急最忧最怨的一些突出问题得以解决，人民当家作主实现更好保障，创新创业活力不断激发。

（资料来源：霍小光、张晓松、罗争光等《扬帆破浪再启航》，载《人民日报》2019 年 7 月 7 日第 2 版。）

（五）文化建设领域

为进一步坚定文化自信，推动社会主义文化繁荣兴盛，牢牢掌握意识形态工作领导权，讲好中国故事，组建文化和旅游部、国家广播电视总局、中央广播电视总台。自整合组建中央广播电视台以来，中央电视台（中国国际电视台）、中央人民广播电台、中国国际广播电台等三台之间深度融合、优势互补、资源共享，产生了"1＋1＋1＞3"的"化学反应"，向世界讲述中国故事、传播中国声音的能力显著增强。

（六）生态文明建设领域

为落实"绿水青山就是金山银山"生态理念，建设美丽中国，加快生态文明体制改革，加大自然资源保护力度，组建自然资源部、生态环境部、国家林业和草原局，加大生态系统保护力度，保障国家自然生态安全。

新组建的生态环境部，整合原有 7 个部门的相关职责，实现地上和地下、岸上和水里、陆地和海洋、城市和农村、一氧化碳和二氧化碳"五个打通"，以及污染防治与生态保护相互贯通，保障国家生态安全，建设美丽中国。

【拓展阅读】

探索自然保护地分类分级管理体制，把该保护的都保护起来

习近平总书记强调："要提升生态系统质量和稳定性，坚持系统观念，从生态系统整体性出发，推进山水林田湖草沙一体化保护和修复，更加注重综合治理、系统治理、源头治理。"

2018 年，中共中央印发《深化党和国家机构改革方案》，组建国家林业和草原局，并加挂国家公园管理局牌子。自此，我国各类自然保护地有了统一管理机构，为建立以国家公园为主体的自然保护地体系提供了制度与组织保障。各地探索自然保护地分类分级管理体制，把该保护的都保护起来。

整合保护资源，让分类更科学、布局更合理。2021 年 1 月，湖南省株洲市在整合优化预案中提出，把域内 18 处各类自然保护地缩减为 12 处。"资源整合优化，数量看上去少了，但分类更科学、布局更合理，对自然资源的保护将更有力有效。"株洲市林业局局长陈诚说。

为解决自然保护地空间重叠、边界不清的问题，我国将自然保护地按生态价值和保护强度分为 3 类：国家公园、自然保护区、自然公园。按照"保护面积不减少、保护强度不降低、保护性质不改变"的总体要求，各地将自然保护地资源整合优化、重新分级分类，有效解决各类矛盾。

自然保护区、森林公园、地质公园、海洋公园……以往，不少自然保护地同时有好几块牌子，产生多头管理现象。

国家林草局有关负责人表示，目前全国自然保护地已经转由专门机构统一管理，一个保护地一套机构、一块牌子，有利于解决多头管理等问题。

创新治理机制，坚持一体化保护和修复。造林绿化、修复山体、建设湿地公园智慧管理系统……近年来，江西万安湖国家湿地公园贯彻系统治理理念，多措并举，园区面貌焕然一新。

（资料来源：孙秀艳、常钦《以自然之道 养万物之生》，载《人民日报》2021 年 10 月 8 日第 1 版。）

政府机构改革还注重将深入推进简政放权、强化事中事后监管、提高行政效率等行政体制改革工作统筹考虑。推进简政放权，重点是减少微观管理事务和具体审批事项，最大限度减少政府对市场资源的直接配置，最大限度减少政府对市场活动的直接干预；强化事中事后监管，是将前置审批转化为事中事后监管，在充分降低行业准入门槛的同时，保证政府对市场活动监管到位；提高行政效率，主要通过扁平化管理、加强考核监督问责、运用信息化手段、改进工作作风等方式实现，以确保效率变革与机构改革同步进行，真正实现政府机构职能的优化完善。

四、统筹党政军群机构改革

党和国家机构改革涉及党政军群各方面，职能划转和机构调整的内在关联性和互动性很强。需要更加注重各项改革协同推进，加强党政军群各方面改革配合联动，形成总体效应，提高各类机构效率。

（一）完善党政机构布局

对一些领域设置过细、职能交叉重叠的党政机构进行整合，把一些党中央决策议事协调机构的办事机构设在政府部门，打破所谓的党政界限，增强党的领导力，提高政府执行力，理顺党政机构关系，建立健全党中央对重大工作的决策协调机制。

（二）深化人大、政协和司法机构改革

加强人大对预算决算、国有资产管理等的监督职能，健全人大组织制度和工作制度，完善人大专门委员会设置，更好发挥其职能作用。组建全国人大社会建设委员会，将全国人大内务司法委员会更名为"全国人大监察和司法委员会"，将全国人大法律委员会更名为"全国人大宪法和法律委员会"。推进人民政协履职能力建设，加强人民政协民主监督，优化政协专门委员会设置，更好发挥其作为专门协商机构的作用。组建全国政协农业和农村委员会，将全国政协文史和学习委员会更名为"全国政协文化文史和学习委员会"，全国政协教科文卫体委员会更名为"全国政协教科卫体委员会"。深化司法体制改革，优化司法职权配置，全面落实司法责任制，完善法官、检察官员额制，推进以审判为中心的诉讼制度改革，推

进法院、检察院内设机构改革，提高司法公信力，更好维护社会公平正义。

（三）加快推进事业单位改革

全面推进承担行政职能的事业单位改革，理顺政事关系，实现政事分开；加大从事经营活动事业单位改革力度，推进事企分开；区分情况实施公益类事业单位改革，面向社会提供公益服务的事业单位，要理顺同主管部门的关系，逐步推进管办分离，强化公益属性；主要为机关提供支持保障的事业单位，要优化职能和人员结构，同机关统筹管理。

（四）深化跨军地改革

按照军是军、警是警、民是民原则，深化武警部队、民兵和预备役部队跨军地改革，海警队伍转隶武警部队，武警黄金、森林、水电部队整体移交国家有关职能部门并改编为非现役专业队伍；推进公安现役部队改革，公安边防部队、警卫部队换装和入警，以人民警察的崭新形象踏上工作岗位，继续肩负维护国家安全和社会稳定的职责使命。组建退役军人事务部等退役军人管理保障机构，更好地服务退役军人。

五、统筹优化地方机构设置和职能配置

统筹优化地方机构设置和职能配置，重点理顺中央和地方权责关系，发挥好中央和地方两个积极性。中央抓总，负责顶层设计、统筹协调；地方要因地制宜、守土有责，处理好当地经济社会发展等各项事务。地方机构改革主要围绕四个方面集中推进。

（一）确保党中央令行禁止和全国政令统一

地方机构设置要保证有效实施党中央方针政策和国家法律法规，这就要求从中央到省、市、县各级党和国家的机构职能基本对应。基本对应并不排斥每一个地方的特殊性，也不是要求"上下一般粗"。基本对应强调的是上下贯通、执行有力，而不是实行机构和职能的机械对接。每一个地方的机构都是有限额的，而且越往下限额越少，难以实现一一对应。所以，在机构总数有限的情况下，能对口设置的对口设置，不能对口设置的，要保证下级有明确的机构和职能来承接上级机构的指令，并贯彻实施。

（二）赋予省级及以下政府更多自主权

下放权力是增强地方治理能力的重要途径。地方和中央的事务不完全一样，中央主要是加强宏观事务管理，而地方不仅要保证党中央政令畅通，而且要管理好本地区事务。因此，除中央有明确规定外，允许地方因地制宜设置机构和配置职能，允许把因地制宜设置的机构并入同上级机关对口的机构，在规定限额内确定机构数量、名称、排序等。

（三）构建简约高效的基层管理体制

乡镇和街道管理体制建设，事关国家治理体系和治理能力的基础。乡镇和街道是我国的最基层政权，上级的各种指令多数要通过乡镇和街道这一级来实现。基层政权的机构设置要根据工作实际需要，整合基层的审批、服务、执法等方面力量，统筹机构编制资源，整合相关职能设立综合性机构，实行扁平化和网格化管理。既不能一哄而起，也不能千篇一律。

（四）规范垂直管理体制和地方分级管理体制

主要是理顺和明确权责关系。属于中央事权，由中央负责的事项，由中央设立垂直机构实行规范管理。实行垂直管理是强调由中央负责任，并不是搞"井水不犯河水"。实际工作中，中央垂直管理机构需要协助和配合地方行使职权，也需要地方的协作和配合，因而要健全垂直管理机构和地方的协作配合机制。属于中央和地方协同管理、需要地方分级负责的事项，实行分级管理。实行分级管理强调的是地方各级的责任，而不是排斥中央的统一领导，中央要加强指导、协调和监督。

六、推进机构编制法定化

有法可依是全面依法治国的基础，机构编制法定化是深化党和国家机构改革的重要保障。要依法管理各类组织机构，加快推进机构、职能、权限、程序、责任法定化，主要集中在三个方面。

（一）完善党和国家机构法规制度

近年来，机构编制管理方面已经出台了一些专项的行政法规，但是仍存在相关组织法对于机构编制的规定比较笼统、简约的情况，难以适应深化党和国家机构改革的现实需要。机构编制工作在加强党和国家机构职能体系建设、深化机构改革、优化党的执政资源配置方面发挥着至关重要的作用，对推进国家治理体系人和治理能力现代化具有重大意义。完善党和国家机构法规制度，出台《中国共产党机构编制工作条例》，依法管理各类组织机构，加快推进机构、职能、权限、程序、责任法定化，这能够为深化党和国家机构改革提供重要保障。

【拓展阅读】

《中国共产党机构编制工作条例》简介

2019 年 8 月 15 日，中共中央印发了《中国共产党机构编制工作条例》（以下简称《条例》）。

机构编制工作在加强党和国家机构职能体系建设、深化机构改革、优化党的执政资源配置方面发挥着至关重要的作用，对推进国家治理体系和治理能力现代化具有重大意义。以习近平同志为核心的党中央高度重视机构编制工作，对深化党和国家机构改革、加强机构编制管理、推进机构编制法定化作出重要部署。

《中共中央关于深化党和国家机构改革的决定》和《中央党内法规制定工作第二个五年规划（2018—2022 年）》明确提出制定中国共产党机构编制工作条例，作为贯彻落实党中央有关精神的重要举措。

《条例》以习近平新时代中国特色社会主义思想为指导，着力于加强党对机构编制工作的集中统一领导，为党管机构编制作出制度性安排，是统领机构编制领域各项法规制度的基础主干党内法规，是机构编制工作的基本遵循。《条例》的制定和实施，对于完善党和国家机构法规制度，推进机构编制法定化，提升机构编制工作服务党和国家事业大局的能力，提高党的领导水平和执政水平，具有十分重要的意义。

《条例》共 8 章 33 条。第一章"总则"明确制定目的、指导思想、基本原则、适用范围等。第二章"领导体制"明确党中央对机构编制工作实施集中统一领导的主体及职责，规定了各地区各部门党委（党组）的主体责任等。第三章至第七章规定了机构编制工作的基本程序，对机构编制事项的动议、论证、审议决定、组织实施、监督问责等作出规定。第八章"附则"对解释、实施等作了规定。

《条例》以习近平新时代中国特色社会主义思想为指导，以党章为根本遵循，对机构编制工作的体制、内容、程序、监督等作出规范，是加强党对机构编制工作集中统一领导的制度成果，是贯彻落实党管机构编制原则的重要保障，是做好新时代机构编制工作的基本遵循。《条例》的颁布实施，对于在机构编制工作方面进一步增强"四个意识"、坚定"四个自信"、做到"两个维护"，具有重要意义。

机构编制资源是重要政治资源、执政资源，机构编制工作是党的一项重要工作。这次党和国家机构改革进一步强调了党管机构编制、党对机构编制工作集中统一领导的重大政治原则，《条例》的一整套制度设计都是紧紧围绕着加强党的领导这根主线展开的。要深刻认识加强党集中统一领导机构编制工作的重要性，深切体会党中央对机构编制工作的高度重视和深谋远虑，旗帜鲜明、坚定不移地把加强党的领导贯穿到机构编制工作各方面各环节。

做好新时代机构编制工作，必须不断推进机构编制法定化。提高机构编制管理水平，不能仅凭经验，必须加强制度建设、法规建设。《条例》是完善党和国家机构法规制度、推进机构编制法定化的重要内容。要把机构编制工作纳入法治轨道，切实运用法治思维和法治方式谋划和推动工作，真正解决机构编制工作突出问题，规范有序、科学有效地开展机构编制工作。

认真贯彻执行《条例》，进一步提高机构编制工作的质量和水平，坚持机构编制工作服务于党和国家事业大局，服务于党发挥总揽全局、协调各方的领导核心作用，为实现中华民族伟大复兴的中国梦提供有力制度和组织保障。

（资料来源：赵兵《让机构编制工作更好服务党和国家事业大局》，载《人民日报》2019 年 8 月 16 日第 5 版。）

此外，"三定"（定职能、定机构、定编制）规定是落实党中央深化机构改革决策部署的重要载体，是部门依法履职运行的基本依据。这次改革，把制定"三定"规定作为组织实施工作的中心环节，突出职能转变和机构综合设置。根据工作部署，先期研究制定部门机构编制职数框架。"三定"过程中，多轮征求意见，反复沟通协商，所有"三定"都至少经过4轮审核。这次部门"三定"规定，首次全部采用党内法规条目式表述，制定统一模板，规范体例格式，以中央文件形式印发，有力提升了"三定"规定的权威性和法定效力。[①]

（二）强化机构编制管理刚性约束

机构编制工作是配置党的执政资源的一项基础性工作。要强化党对机构编制工作的集中统一领导，统筹使用各类编制资源。结合全面深化党和国家机构改革，对编制进行整合规范，加大部门间、地区间编制统筹调配力度。在省（自治区、直辖市）范围内，打破编制分配之后地区所有、部门所有、单位所有的模式，随职能变化相应调整编制。要加快建立机构编制管理同组织人事、财政预算管理共享的信息平台，全面推行机构编制实名制管理，充分发挥机构编制在管理全流程中的基础性作用。要按照办事公开要求，及时公开机构编制有关信息。严格机构编制管理权限和程序，做到严禁越权审批，严格执行机构限额、领导职数、编制种类和总量等规定，严格控制编外聘用人员。

（三）加大机构编制违纪违法行为查处力度

解决机构编制管理中的顽疾，坚决整治"条条干预"是重中之重。要全面清理部门规章和规范性文件，废除涉及"条条干预"的条款，使"条条干预"彻底失去依据；对"条条干预"加大查处力度，做到有案必查，有错必究；建立更加完善的部门发文备案审核制度、"条条干预"举报制度。完善机构编制同纪检监察机关和组织人事、审计等部门的协作联动机制。在预防教育、案件查办等方面紧密衔接配合，形成监督检查合力。建立机构编制违纪违法问题动态监测平台，提高及时发现和解决问题的能力。依托"12310"举报平台，建立上下畅通的信息沟通机制。

---

① 参见中央机构编制委员会办公室《学习贯彻习近平总书记重要讲话精神 巩固深化党和国家机构改革成果》，载《求是》2019年第14期。

第三节　贯彻落实深化党和国家机构改革的决策部署

党的十九届三中全会站在更高起点谋划和推进改革，对深化党和国家机构改革作出了全面规划和系统部署。一分部署，九分落实。

习近平在深化党和国家机构改革总结会议讲话中强调："党的十九届三中全会闭幕后，各地区各部门坚决贯彻党中央决策部署，加大统的力度、明确改的章法、做好人的工作、执行严的纪律，短短一年多时间，十九届三中全会部署的改革任务总体完成，取得一系列重要理论成果、制度成果、实践成果。"①

一、坚持党中央对深化党和国家机构改革集中统一领导

党的领导是中国特色社会主义最本质的特征，是中国特色社会主义制度的最大优势。加强党对一切工作的领导，这一要求不是空洞的、抽象的，要在各方面各环节落实和体现。

党的十九届三中全会明确了坚持党的全面领导的改革原则，作出了完善坚持党的全面领导的制度的重大部署，为的就是通过深化党和国家机构改革，努力从机构职能上解决党对一切工作领导的体制机制问题，解决党长期执政条件下我国国家治理体系中党政军群的机构职能关系问题，为有效发挥中国共产党领导这一最大制度优势提供完善有力的体制机制保障、坚实的组织基础和有效的工作体系，确保党对国家和社会实施领导的制度得到加强和完善，更好担负起进行伟大斗争、建设伟大工程、推进伟大事业、实现伟大梦想的重大职责。

这次深化党和国家机构改革，是以习近平同志为核心的党中央从党和

---

① 转引自徐隽、黄敬文《巩固党和国家机构改革成果 推进国家治理体系和治理能力现代化》，载《人民日报》2019 年 7 月 6 日第 1 版。

国家事业发展全局高度作出的重大决策部署，是推进国家治理体系和治理能力现代化的一场深刻变革。习近平总书记高度重视这次机构改革，自始至终关心指导，亲力亲为，作出一系列重要指示批示，为深化党和国家机构改革指明了前进方向。短短一年多时间，十九届三中全会部署的改革任务总体完成，取得一系列重要理论成果、制度成果和实践成果。改革后，加强党的全面领导得到有效落实，维护党的集中统一领导的机构职能体系更加健全，党和国家机构履职更加顺畅高效，构建起从中央到地方运行顺畅、充满活力的工作体系，党对军队武警公安的绝对领导更加坚强有力。

这次深化党和国家机构改革，是对党和国家组织结构和管理体制的一次系统性、整体性重构，改革力度之大，影响面之广，触及的利益关系之复杂，都是少有的，但改革推进有力、纪律严明、成效扎实。这得益于以习近平同志为核心的党中央坚强领导，得益于党的十八大以来全面从严治党形成的良好政治氛围，得益于高效顺畅的改革领导体制和工作机制，充分彰显了党的集中统一领导和我国社会主义制度的政治优势。实践充分证明，党中央关于深化党和国家机构改革的战略决策是完全正确的，党的全面领导是深化党和国家机构改革取得成效的根本保证。①

二、坚持优化协同高效原则

优化协同高效，是深化党和国家机构改革的着力点。优化就是科学合理、权责一致，协同就是有统有分、有主有次，高效就是要履职到位、流程通畅。只有坚持问题导向，聚焦发展所需、基层所盼、民心所向，优化机构设置和职能配置，加强配合联动，提高效率效能，避免政出多门、责任不明、推诿扯皮，下决心破除制约改革发展的体制机制弊端，才能使党和国家机构设置更加科学、职能更加优化、权责更加协同、监督监管更加有力、运行更加高效。

优化协同高效，深刻总结了改革开放以来历次党和国家机构改革的成功经验，抓住了当前党和国家机构职能体系存在的突出问题。深化党和国家机构改革涉及经济体制、政治体制、文化体制、社会体制、生态文明体

---

① 本报评论员：《为加强党的全面领导提供有力制度保障——论学习贯彻习近平总书记在深化党和国家机构改革总结会议重要讲话》，载《人民日报》2019 年 7 月 6 日第 1 版。

制和党的建设制度，职能划转和机构调整紧密相连，内在关联性和互动性很强，每一项改革既会对其他改革产生影响，又需要相关改革配合。优化机构设置和职能配置，要更加注重顶层设计和统筹协调，更加注重各项改革整体谋划、上下联动、左右衔接，使各项改革相互促进、相得益彰。既要深化党政机构改革，又要同步推进群团组织、企事业单位、社会组织的机构改革；既要解决当前最突出矛盾和短板，又要关注基础性和长远性的体制和框架建设；既要推动中央层面的改革，又要促进地方和基层的改革。要把转变和优化职能作为机构改革的关键，在改职责上出硬招，不光是改头换面，还要脱胎换骨。对于划入的职能和机构，要同现有机构职能统筹规划、科学设计、有机整合，既有"物理变化"，又有"化学反应"。

坚持稳中求进工作总基调，把抓改革落实的战略战术打法弄清楚，把各项改革的"联络图"和"关系网"理清楚，切实抓好改革方案的进度统筹、质量统筹、落地统筹。在具体改革过程中，需要从整体上把握各项改革之间的联系，学会"弹钢琴"，区分轻重缓急，以统筹、衔接、部署各项任务。各领域改革可以压茬推进、相互衔接，有的也可以穿插进行，使各类机构相互协调，形成整体效应。

三、坚持依法依规完善党和国家机构职能

坚持全面依法治国是深化党和国家机构改革的基本原则。改革和法治就像两个轮子，必须相互协调。一方面，要通过改革加强法治工作，在改革中完善和强化法治；另一方面，要运用法治思维和法治方式推进改革，坚持重大改革于法有据。实施机构改革方案要做到改革和立法相统一、相促进，需要制定或修改法律的，及时启动相关程序。需要得到法律授权的重要改革举措，要在履行法律程序后再实施，不能违法办事，避免随意突破法律红线。立法机构也要主动衔接，同步考虑改革涉及的立法问题。

四、坚持鼓励地方和基层积极探索

中央和地方机构改革从整体上讲是一篇大文章、一盘大棋局。中央对写好这篇文章、下好这盘棋有明确的时限要求。完成地方机构改革工作，

需要各地党委政府在党中央统一领导下，精心部署好组织好本地区的改革工作，抓紧研究制定改革的时间表、路线图和任务书，掌握好节奏、步骤和力度，做到省、市、县机构改革有机衔接、有序推进。

2018年11月11日，上海市委和市政府召开机构改革动员会，明确机构改革任务书。至此，我国31个省份机构改革方案全部"出炉"并对外公布。各地在推进过程中，中央有具体要求的，需要一竿子插到底，不折不扣落实下去，确保政令统一、机构设置统一；中央提出原则要求的，各地可以结合实际，加大探索力度，条件成熟的加大力度突破，条件暂不具备的先行试点、梯次推进。这是坚持发挥中央和地方两个积极性，尊重地方首创精神的需要。我国幅员辽阔、人口众多，各级各地情况千差万别，改革既要加强领导统一部署，做到全国一盘棋，又要充分考虑各地实际，调动和发挥地方的积极性、主动性、创造性。特别是市、县直接面对基层和社会实施管理和服务，要支持和鼓励其因地制宜大胆改革探索，对具有普遍意义的经验做法，要及时总结推广。

【拓展阅读】

上海市机构改革明确路线图

2018年11月11日下午，上海市召开市机构改革动员会，明确上海市机构改革的任务书路线图，对全面推进改革进行动员部署。

党中央、国务院正式批准《上海市机构改革方案》（以下简称《方案》）。根据《方案》，上海共设置党政机构63个。其中，党委机构20个，政府机构43个。对应党中央和国务院机构改革，调整优化相应机构和职能，包括建立健全和优化市委对重大工作的领导体制机制，加强市委职能部门的统一归口协调管理职能，新组建了市规划和自然资源局、市生态环境局、市农业农村委、市文化和旅游局等机构。同时，突出上海特色因地制宜设置党政机构和职能，调整完善了市委工作党委机构设置，与相关政府机构合署办公；组建市地方金融监督管理局、市道路运输管理局等机构，加强上海国际金融中心建设、强化城市交通运输领域管理等职责。

《方案》明确，上海将统筹推进各项改革。深化人大、政协和群团组织改革。深化市委、市政府直属事业单位改革和承担行政职能事业单位改革，改革后，除行政执法机构外，不再保留或新设承担行政职能的事业单位。深化综合行政执法改革，建立健全市场监管、生态环境保护、农业、交通运输等领域综合行政执法队伍。着力构建简约高效的基层管理体制，强化基层政府社会管理和公共服务职能。

（资料来源：郝洪《上海市机构改革明确路线图》，载《人民日报》2018 年 11 月 13 日第 11 版。）

五、坚持以钉钉子精神推动改革举措落地生效

深化党和国家机构改革涉及权力和利益格局调整，任务艰巨复杂，组织实施难度大，需要以钉钉子的精神锲而不舍推进。要有刀刃向内、割肉断腕、伤筋动骨的改革勇气和决心，有强烈的责任感、使命感和坚韧不拔的毅力，敢于负责、敢于较真、敢于碰硬，攻坚克难。机构改革方案能否落实到位，不仅要重视改革方案质量，更要重视改革落实推进和实际成效。已经明确的改革任务，必须保质保量如期完成，确保机构职能等按要求及时调整到位，尽快进入角色、履职到位。

确保改革工作落地见效，及时做好总结工作和完善督察工作机制至关重要。中央明确要求，"三定"规定印发后，新机构需要抓紧完成调整落实工作，并向中央报送方案落实情况和总结报告。同时，要把机构改革实施情况纳入党委、政府重大决策部署督察任务，并根据工作需要，调配充实专门督察力量，开展专项督察。要开展全程督察，重点督察方案落实、工作落实、责任落实情况，做到改革推进到哪里、督察就跟进到哪里。督察中发现问题及时列出清单、明确责任、挂账整改。建立奖惩机制，对改革抓得实、有效果的要表扬奖励，对执行不力、落实不到位的要严肃问责。通过督察，确保党中央确定的改革方向不偏离，党中央明确的改革任务不落空，使改革精准对接发展所需、基层所盼、民心所向。

习近平总书记强调："要增强干事创业敢担当的本领，准确把握新机构新职能提出的新要求，结合正在开展的'不忘初心、牢记使命'主题教育，教育引导广大党员、干部自觉在思想上政治上行动上同党中央保持高度一致，坚守人民立场，锤炼忠诚干净担当的政治品格，保持只争朝夕、

175

奋发有为的奋斗姿态和越是艰险越向前的斗争精神，以钉钉子精神抓好工作落实。"①

形势在变、任务在变、工作要求也在变，必须准确识变、科学应变、主动求变，把解决实际问题作为制定改革方案的出发点，把关系经济社会发展全局的改革、涉及重大制度创新的改革、有利于提升群众获得感的改革放在突出位置，优先抓好落实。要推进改革成果系统集成，做好成果梳理对接，从整体上推动各项制度更加成熟更加定型。②

【拓展阅读】

确保机构改革始终沿着正确方向推进

在深化党和国家机构改革的进程中，中央政治局常委会两次召开会议，听取中央层面和地方机构改革组织实施情况汇报，及时总结工作经验，部署改革后续进程。

在改革实施期间，习近平总书记自始至终关心指导，亲力亲为，亲自审定了改革组织实施方案和各部门工作方案，亲自签批各部门"三定"规定，亲自协调重大政策问题，涉及各类文件多达190多件。在一些改革的关键时刻、关键问题上，习近平总书记果断拍板、一锤定音。

在习近平总书记坚强领导下，机构改革协调小组先后召开3次小组会议和3次改革推进会议，协调解决重大问题、重大分歧180余件次，确保机构改革始终沿着正确方向推进。各地区各部门坚决落实党中央部署要求，加大统的力度、明确改的章法、做好人的工作、执行严的纪律，对照改革路线图、时间表，抓方向、抓机制、抓关键、抓难点、抓制度、抓法治、抓纪律，推动改革蹄疾步稳向前推进。

（资料来源：霍小光、张晓松、罗争光等《扬帆破浪再启航》，载

① 中共中央党史和文献研究院、中央"不忘初心、牢记使命"主题教育领导小组办公室编：《习近平关于"不忘初心、牢记使命"论述摘编》，党建读物出版社、中央文献出版社2019年版，第248页。

② 参见《习近平谈治国理政》（第三卷），外文出版社2020年版，第108页。

《人民日报》2019 年 7 月 7 日第 1 版。）

 思考题

1. 如何理解党和国家机构改革的重大意义？
2. 如何理解坚持以人民为中心推进党和国家机构改革？
3. 如何将深化党和国家机构改革引向深入？

参 考 文 献

一、经典著作

［1］中共中央马克思恩格斯列宁斯大林著作编译局. 列宁选集：第 3 卷
　　　［M］. 北京：人民出版社，2012.
［2］毛泽东. 毛泽东选集：第 2 卷［M］. 北京：人民出版社，1991.
［3］中共中央文献研究室. 毛泽东文集：第 6 卷［M］. 北京：人民出版
　　　社，1999.
［4］中央机构编制委员会办公室. 邓小平论行政管理体制和机构改革
　　　［M］. 北京：中央文献出版社，1996.
［5］邓小平. 邓小平文选：第 1 卷［M］. 北京：人民出版社，1994.
［6］邓小平. 邓小平文选：第 2 卷［M］. 北京：人民出版社，1994.
［7］习近平. 习近平谈治国理政：第 1 卷［M］. 北京：外文出版
　　　社，2018.
［8］习近平. 习近平谈治国理政：第 2 卷［M］. 北京：外文出版
　　　社，2017.
［9］习近平. 习近平谈治国理政：第 3 卷［M］. 北京：外文出版
　　　社，2020.

二、文件汇编

［1］中共中央文献研究室. 三中全会以来重要文献选编（上）［M］. 北
　　　京：中央文献出版社，2011.
［2］中共中央文献研究室. 十三大以来重要文献选编（下）［M］. 北京：
　　　中央文献出版社，2011.
［3］中共中央文献研究室. 十八大以来重要文献选编（上）［M］. 北京：
　　　中央文献出版社，2014.
［4］中共中央文献研究室. 十八大以来重要文献选编（中）［M］. 北京：

中央文献出版社，2016.

［5］中共中央党史和文献研究院. 十九大以来重要文献选编（上）［M］. 北京：中央文献出版社，2019.

［6］中共中央文献研究室. 习近平关于全面从严治党论述摘编［M］. 北京：中央文献出版社，2016.

［7］中共中央文献研究室. 习近平关于全面依法治国论述摘编［M］. 北京：中央文献出版社，2015.

［8］中共中央文献研究室. 习近平关于社会主义政治建设论述摘编［M］. 北京：中央文献出版社，2017.

［9］中共中央文献研究室，中国延安干部学院. 延安时期党的重要领导人著作选编（上）［M］. 北京：中央文献出版社，2014.

［10］人民出版社. 中国共产党第十八届中央委员会第三次全体会议文件汇编［M］. 北京：人民出版社，2013.

［11］人民出版社. 中国共产党第十九次全国人民代表大会文件汇编［M］. 北京：人民出版社，2017.

［12］中共中央统战部. 中国共产党统一战线工作条例［M］. 北京：人民出版社，2021.

［13］全国人民代表大会常务委员会法制工作委员会. 中华人民共和国法律汇编·2018（中）［M］. 北京：人民出版社，2019.